(X) HTML Facile

www.microapp.com

Micro Application

1ère Edition Janvier 2001

Auteur Johan-Christian Hanke

Traduction SERRI Laurence

ISBN : 2-7429-2000-5
Réf DB : 442110

MICRO APPLICATION
20, 22 rue des Petits-Hôtels
75010 PARIS
Tél : (01) 53 34 20 20 - Fax : (01) 53 34 20 00
http://www.microapp.com

Support Technique
Tél : (01) 53 34 20 46 - Fax : (01) 53 34 20 00
E-mail : info-ma@microapp.com

AVANT-PROPOS

La collection *GUIDEXPRESS* propose une formation directe sur un thème précis, matériel ou logiciel. Elle s'articule autour d'exemples concrets, accompagnés d'un minimum de lecture. Les ouvrages de la collection sont basés sur une structure identique :

- Chaque chapitre est repéré par une couleur distincte, signalée dans le sommaire.
- Les étapes pratiques, numérotées, figurent dans un encadré de la couleur du chapitre. Elles sont ainsi immédiatement repérables.
- Les étapes essentielles sont accompagnées par une image. Pour un accès rapide à l'information, le texte est relié à l'illustration par une ligne en pointillés.
- Les informations complémentaires sont présentées dans un encadré indépendant.

Conventions typographiques

Afin de faciliter la compréhension des techniques décrites, nous avons adopté les conventions typographiques suivantes :

- **Gras** : menu, commande, onglet, bouton.
- *Italique* : rubrique, zone de texte, liste déroulante, case à cocher.
- Courrier : texte à saisir.
- ↵ : dans les programmes, indique un retour à la ligne involontaire dû aux contraintes de la mise en page.

Sommaire

La première page en XHTML

Vous avez envie d'apprendre à manipuler le HTML ou le XHTML sans vous stresser ? Vous souhaitez réussir votre propre page d'accueil ? Aucun problème ! Tout ce que vous devez savoir à ce sujet, et bien plus encore, vous est proposé dans les pages de cet ouvrage.

Créez en quelques instants des pages web originales. Présentez des titres élaborés, soignez l'apparence de vos paragraphes et de vos lignes. Intégrez à vos pages des images et des fichiers sons. Reliez vos documents par des liens hypertextes, ces liaisons croisées du World Wide Web. Apprenez à maîtriser les feuilles de styles, si pratiques pour définir des gabarits de formats en (X)HTML. Mettez au point des pages plus complexes avec les cadres, et complétez le tout par des formulaires de commandes ou de réponses, désormais incontournables sur le Web.

Les étapes successives de cet ouvrage vous guideront pas à pas, pour accomplir tous ces objectifs. Créez tous vos documents HTML petit à petit, en vous inspirant des nombreux exemples qui jalonnent les divers chapitres qui suivent. Vous verrez, c'est plus simple qu'il n'y paraît.

Mais nous irons un peu plus loin encore, en vous indiquant comment intégrer des textes qui défilent, créer des menus déroulants et des boutons dynamiques sur vos pages. Vous apprendrez enfin à charger votre site web sur le serveur, et à vous enregistrer auprès des moteurs de recherche pour accélérer la diffusion de votre travail.

INFO

HTML ou XHTML ?

Le HTML, abréviation de HyperText Markup Language, est un langage logique de description de documents. Le HTML définit la page à l'aide de ce que l'on nomme des balises, qui encadrent un titre, un paragraphe, une liste ou une ligne, pour y spécifier leur emplacement précis. Le navigateur interprète ensuite ces instructions. Le HTML a été développé au début des années 90 par un informaticien suisse, Tim Berners-Lee. Ce langage est aujourd'hui disponible dans sa version 4. Le XHTML, eXtended HyperText Markup Language, n'est rien de plus qu'une nouvelle version, certes étendue, du HTML. C'est la raison pour laquelle le HTML et le XHTML adoptent des principes similaires. Les documents XHTML répondent néanmoins à des règles plus strictes. Certaines constructions (encore) autorisées en HTML ne sont plus acceptées en XHTML. Le XHTML est officiellement entré en vigueur en janvier 2000. Nous disposons à l'heure actuelle de la version 1. L'organisme responsable du futur développement de ces langages web est le W3C, le World Wide Web Consortium (www.w3.org). Le HTML présenté dans cet ouvrage satisfait aux règles strictes du XHTML, même si quelques compromis demeurent possibles à certains endroits.

C'est parti : dossier et fichier du projet

Vous travaillez sous Windows 95, 98, 2000 ou Millennium ? Internet Explorer est votre navigateur par défaut ? Si tel est le cas, ne perdez plus un instant. Lancez l'Explorateur Windows, ce gestionnaire de fichiers très pratique. Définissez un nouveau dossier, que vous réserverez à votre nouveau site web, puis créez votre première page directement à partir de l'Explorateur.

C'est parti !

INFO

Vérifier le navigateur par défaut

Vous avez installé plusieurs navigateurs web sur votre disque dur, par exemple Netscape Navigator, Opera ou StarOffice ? Internet Explorer n'est pas votre navigateur par défaut ? Sélectionnez dans ce cas la commande *Démarrer/Paramètres/Panneau de configuration*. Double-cliquez sur le module *Options Internet*, puis activez l'onglet *Programmes*. Activez alors l'option *Au démarrage, vérifier si Internet Explorer est le navigateur par défaut*.

Créer le dossier du projet

Nous vous conseillons d'enregistrer dans un premier temps tous vos documents HTML dans un seul et même dossier. Définissez celui-ci dans l'Explorateur Windows, qui vous permet de gérer facilement tous vos documents.

1 Lancez l'Explorateur Windows, via la commande **Démarrer/Programmes/(Accessoires)/Explorateur Windows**, ou par l'intermédiaire de la combinaison de touches [Win]+ [E].

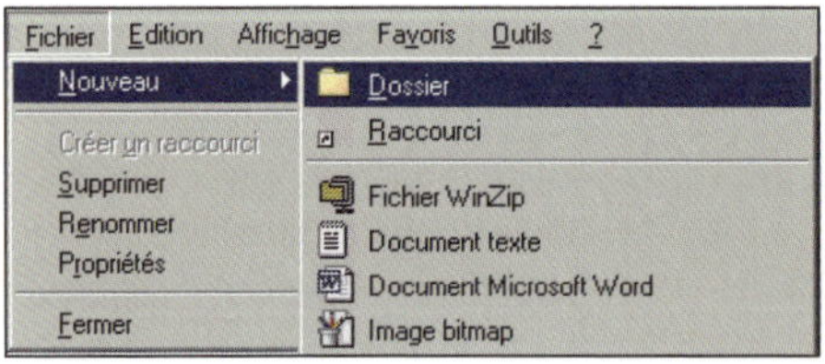

2 À quel emplacement doit être créé le nouveau dossier ? Directement sous le lecteur C: ? Si tel est le cas, cliquez sur le symbole du lecteur correspondant, puis sélectionnez la commande **Fichier/Nouveau/Dossier**.

3 Un dossier intitulé par défaut *Nouveau dossier* apparaît dans la partie droite de la fenêtre. Ce nom est sélectionné, comme vous pouvez le constater à son fond bleu foncé. Attribuez un nom plus explicite à ce nouveau dossier.

4 Le nom étant déjà sélectionné, remplacez-le par celui de votre choix, `Page d'accueil` par exemple. N'oubliez pas de confirmer en appuyant sur la touche Entrée.

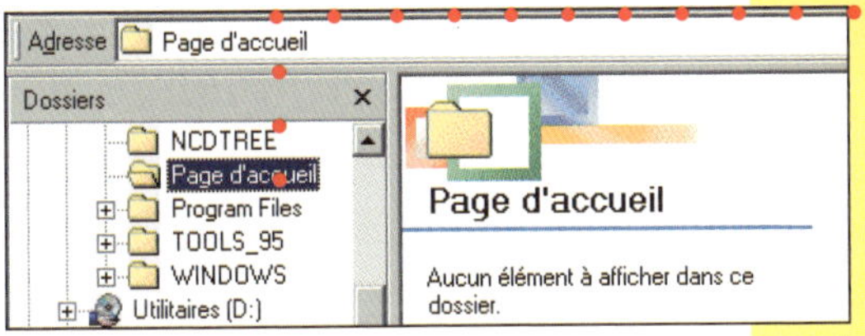

5 Ouvrez ce dossier par un double clic. Il est encore vide.

Vous travaillez avec un autre système d'exploitation que Windows, avec Linux, Be-OS ou Mac-OS par exemple ? Il est préférable également de définir un dossier propre à ce projet. Suivez les règles de votre système d'exploitation. Sous Mac-OS, vous utiliserez par exemple le "Finder."

Remarque : sous certains systèmes d'exploitation, un dossier est désigné par le nom "répertoire" ou "directory".

Élaborer le fichier (X)HTML

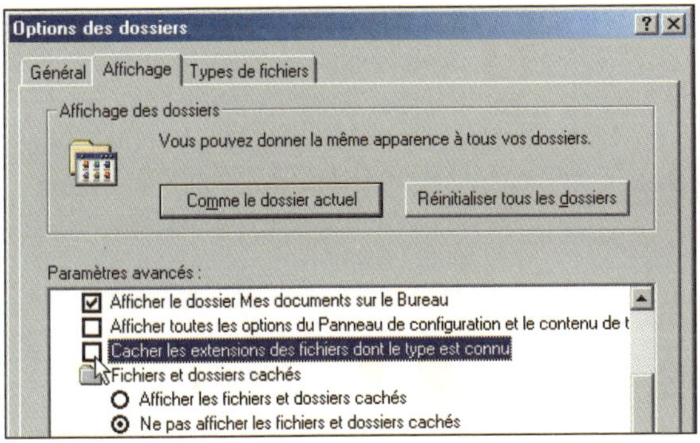

Mettons-nous à présent au travail, le Web nous attend ! Les documents (X)HTML sont de simples fichiers textes. Ils sont dotés de l'extension *.htm* ou *.html*. Il suffit donc de créer un fichier de ce type, et de lui attribuer l'extension adéquate. Notre fichier HTML sera nommé dans notre exemple `bonjour.htm`.

INFO

L'affichage des extensions de fichiers est nécessaire

Il est indispensable que vous puissiez lire les extensions de fichiers. Elles sont désactivées par défaut, sous Windows. Pour afficher les extensions de fichiers, sélectionnez la commande *Options des dossiers* dans l'Explorateur. En fonction de la version de Windows, cette commande est disponible sous *Affichage* ou sous *Outils*. Lorsque vous l'avez trouvée, activez l'onglet *Affichage*, puis désactivez dans la liste l'entrée *Cacher les extensions des fichiers dont le type est connu*. Confirmez en cliquant sur OK. Les noms complets des fichiers s'affichent dans l'Explorateur.

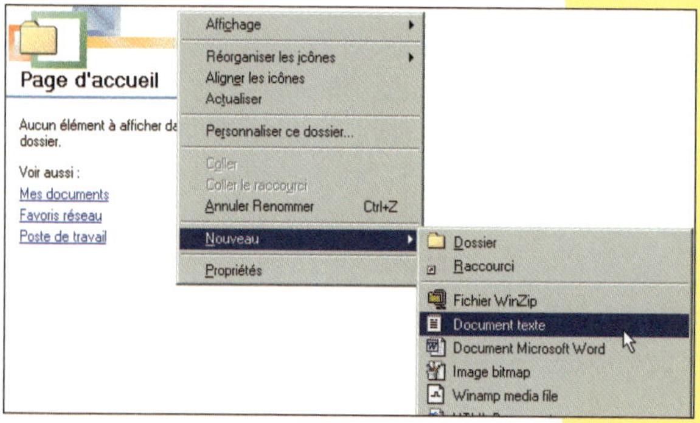

1 Vous vous trouvez toujours dans l'Explorateur Windows ? Vérifiez simplement que le dossier de votre projet est ouvert. Si tel n'est pas le cas, double-cliquez sur son icône. Cliquez alors avec le bouton droit de la souris sur une zone vide de la partie droite du dossier. Sélectionnez la commande **Nouveau/Document texte** dans le menu contextuel.

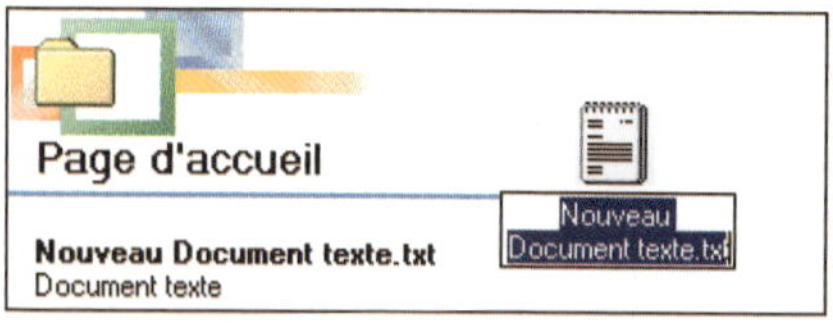

2 Un symbole complété par le nom *Nouveau Document texte.txt* apparaît dans le dossier. Il s'agit d'un fichier encore vierge. Vous avez en effet besoin d'un fichier texte, mais l'extension n'est pas celle qui convient. Le nom du fichier doit être *bonjour.htm*. Rappelons que les documents (X)HTML doivent être dotés de l'extension *.htm* (ou *.html*).

3 Remplacez le nom par défaut par celui que vous avez choisi. Ne laissez aucun espace entre les parties du nom. Confirmez cette modification en appuyant sur la touche Entrée.

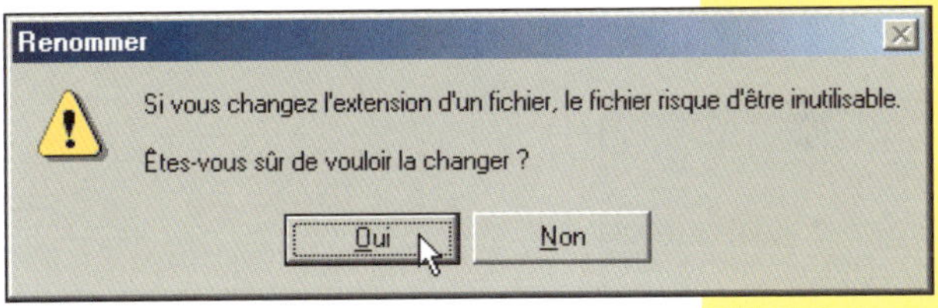

4 Windows vous prévient que le fichier risque de devenir inutilisable. Mais ne vous faites aucun souci, et cliquez sur le bouton **Oui**.

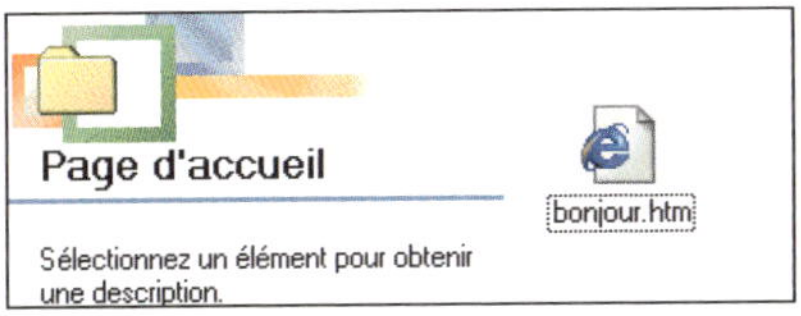

5 Tout a fonctionné ? Internet Explorer est votre navigateur par défaut. Dans ce cas, un fichier nouvellement renommé apparaît. Le symbole du fichier a été remplacé par celui d'Internet Explorer.

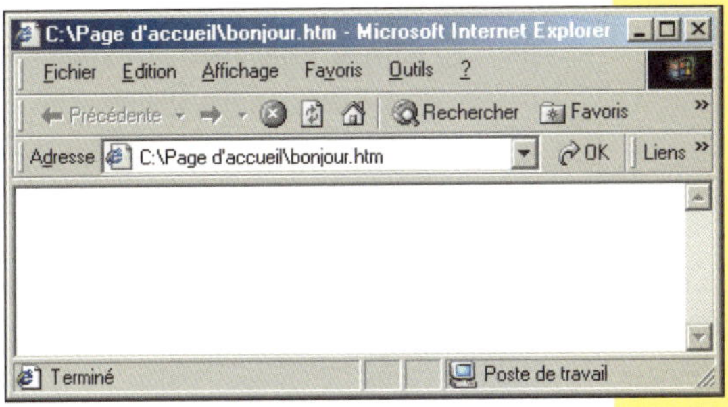

6 Double-cliquez simplement sur ce fichier. Vous lancez ainsi Internet Explorer, où s'affiche le contenu du document HTML. Vous ne voyez rien dans la fenêtre ? C'est normal puisque le fichier est encore vide.

Nous allons voir dans les paragraphes suivants comment modifier le contenu de ce fichier.

Ouvrir le fichier dans un éditeur

Les pages web sont de simples documents textes, rien de plus. Cela signifie que l'édition de documents HTML peut s'effectuer avec un simple éditeur de texte. Dans notre exemple, nous employons l'éditeur minimal de Windows, un programme livré gratuitement avec le système d'exploitation (les autres systèmes d'exploitation disposent également d'un programme minimal d'édition de texte ; sous Mac-OS, il s'appelle par exemple SimpleText, et se cache sous Programmes).

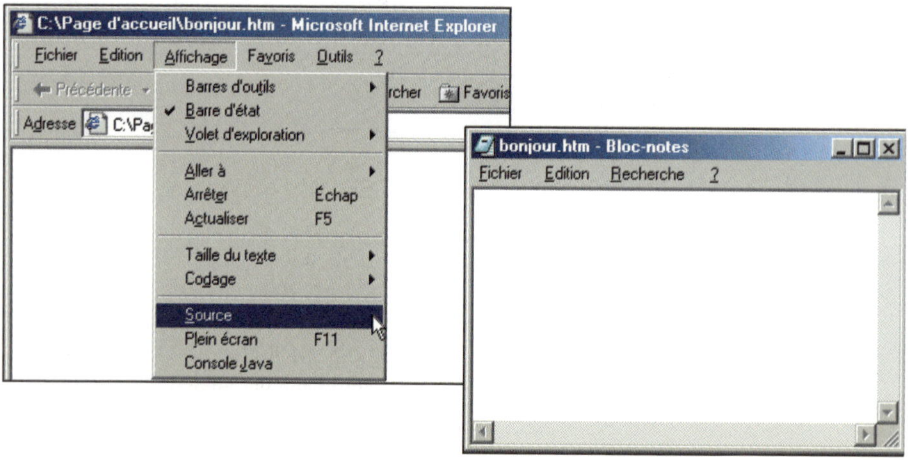

1 Internet Explorer est ouvert, et vous avez devant vous un document HTML (encore vierge). Sélectionnez la commande **Affichage/Source**.

2 L'éditeur de Windows s'ouvre. Il s'agit comme prévu de l'éditeur de texte minimal de Windows. Le pointeur clignote en haut de la page. Il ne vous reste plus qu'à créer le fichier HTML !

3 Un dernier conseil avant de démarrer : nous vous recommandons d'activer la commande **Retour à la ligne automatique**. Elle se trouve dans le menu **Edition**, sous Windows 95/98/Me, ou dans **Format** sous Windows 2000. Les lignes dépassant la largeur de la fenêtre active seront alors automatiquement coupées.

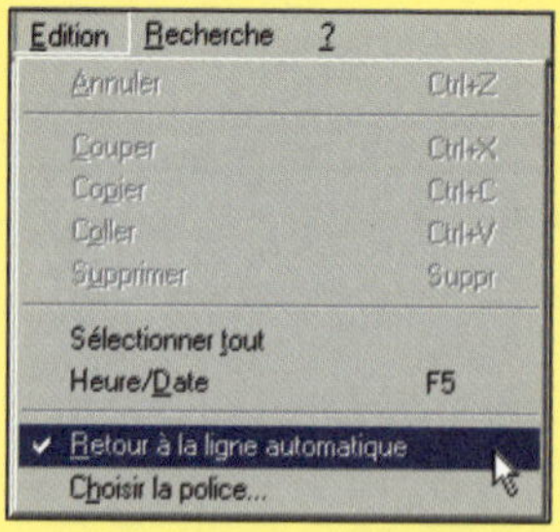

INFO

Lancer directement l'éditeur

La méthode présentée n'a pas fonctionné, pour une raison quelconque ? Lancez alors l'éditeur via la commande *Démarrer/Programmes/Accessoires/Bloc-notes*. Vous pouvez également appliquer la méthode d'exécution automatique du programme, en saisissant la commande `notepad` **dans la boîte de dialogue *Démarrer/Exécuter*. Validez par OK. Dans ce cas, votre document n'est doté d'aucun nom ; vous devez donc procéder à son enregistrement. L'éditeur attribue l'extension *.txt* par défaut. Modifiez-la en saisissant manuellement le nom entier, par exemple** `bonjour.htm`**.**

Personne ne vous impose de travailler avec l'éditeur. Vous pouvez bien sûr recourir à un autre programme d'édition de texte. Il est néanmoins impératif d'enregistrer le fichier sous le type *Texte uniquement* et de penser à l'extension *.htm*.

En-tête et corps : body and head

Mais revenons à notre page : il s'agit dans un premier temps de construire l'ossature de la page web. Cette page primaire comprend des titres, du texte courant, une liste numérotée et des lignes. La page d'accueil sur laquelle nous nous fondons est la suivante :

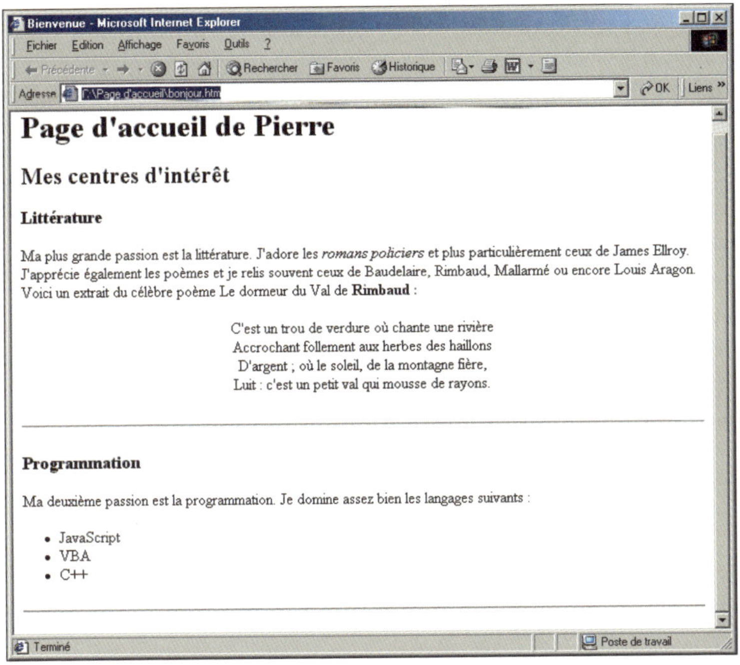

Vous pouvez lire le titre dans la barre de titre du navigateur. Dans notre exemple, il s'agit tout simplement du mot `Bienvenue`.

Dans la fenêtre principale, les niveaux de titres, les lignes, les passages de textes, les numérotations et les caractères gras ou en italique contribuent à mettre en valeur votre page.

À vous d'élaborer l'ossature de ce fichier HTML. L'éditeur ou le programme d'édition de texte sur lequel s'est porté votre choix est déjà ouvert ? Nous pouvons donc démarrer !

Ce que vous devez savoir avant de commencer

Que devez-vous savoir avant de vous lancer ? Rien de bien compliqué en réalité :

1 Les pages HTML sont de simples fichiers textes, dotés des extensions *.htm* ou *.html*. Nous en avons déjà parlé.

2 Toute page HTML se compose d'un en-tête (Head) et d'un corps (Body). Le contenu de votre page se trouve dans le corps. L'en-tête est essentiellement exploité par les balises méta, les feuilles de style, de petits programmes, etc. (pour le moment, nous n'inscrivons rien dans cette partie).

3 Les différentes propriétés du texte sont introduites par des balises (`<h1>`). Elles sont comprises entre des crochets.

4 Chaque balise introduisant une propriété doit être accompagnée d'une autre, qui y met fin. Il s'agit de la même balise, précédée du signe / (`</h1>`).

```
<h1>C'est le titre général</h1>
```

5 Si vous combinez plusieurs balises, elles doivent être désactivées dans l'ordre inverse de leur ouverture :
`<p><i>...</i></p>` est une combinaison correcte, alors que `<p><i>...</p></i>` n'en est pas une.

```
<p><i>combinaison correcte
de gras et italique</i></p>
```

6 Certaines balises ne disposent pas de pendant de fermeture. C'est le cas par exemple pour une ligne `<hr>`. Ces balises doivent néanmoins être fermées, de la façon suivante : `<h1 />` ! Le trait oblique est placé après la balise, et séparé d'elle par un espace.

```
<hr />
```

7 Toutes les balises s'écrivent en caractères minuscules (c'est nouveau en XHTML, puisque les majuscules étaient courantes auparavant).

Ces informations devraient suffire pour un début !

En-tête et corps

Composez tout d'abord la partie Head, la zone d'en-tête du document HTML. Vous pourrez ensuite enchaîner avec la partie Body, le corps de la page web.

1 Tout document HTML commence par <html>. Il s'agit d'une balise d'introduction. Appuyez sur la touche Entrée.

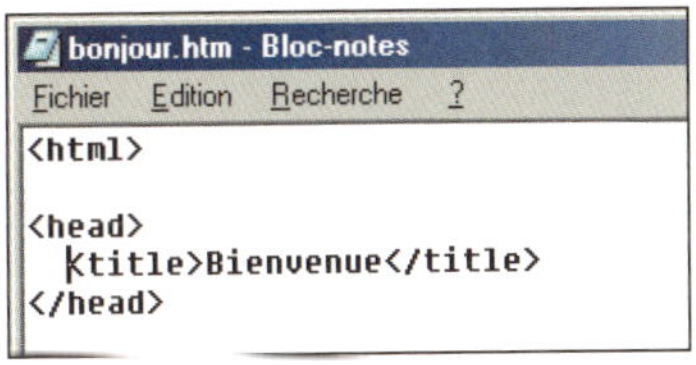

2 Vient ensuite l'en-tête du document HTML. La zone d'en-tête est encadrée des balises <head> et </head>. Inscrivez dans un premier temps <head>, et appuyez sur la touche Entrée.

3 La zone d'en-tête comprend le titre, encadré dans la ligne suivante des balises <title> </title>. Rappelons que ce titre n'apparaîtra pas directement dans le document, mais dans la barre de titre du navigateur.

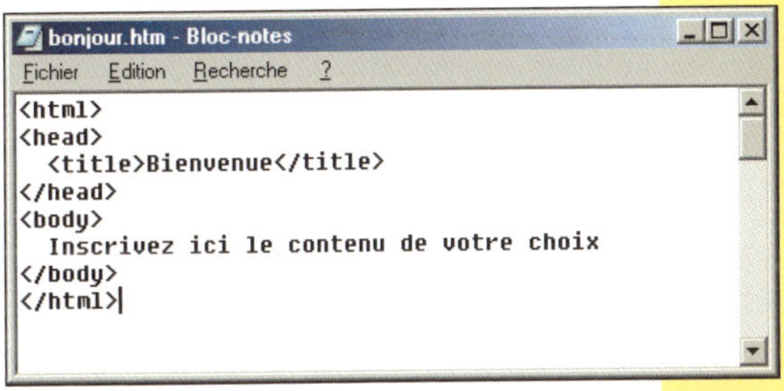

4 Complétez maintenant le texte source. La partie du corps du document est introduite par la balise <body>. À vous de décider du contenu de cette zone.

5 La partie dans laquelle vous saisissez le contenu du document doit être fermée par la balise </body>. La balise <html> dispose elle aussi d'une balise de fermeture </html>.

Vous maîtrisez à présent les détails de l'ossature de tout document (X)HTML. Enregistrez-le avec la commande **Fichier/Enregistrer**. Ces quelques connaissances vous permettent déjà de composer vous-même des pages web simples. Fabuleux, non ?

Le problème des accents

En X(HTML), il est préférable de remplacer les accents, ainsi que certains caractères spéciaux, par leur code d'entité équivalent. Cela garantit notamment que votre page pourra être correctement consultée dans d'autres pays. Voici un tableau des principaux codes d'entités.

Quelques caractères spéciaux français	
Caractère	**Code d'entité**
à	`à`
ç	`ç`
é	`é`
ê	`ê`
è	`è`
ù	`ù`

Vous avez envie de placer un mot entre guillemets ? Il est préférable de remplacer ces signes par le code HTML correspondant. Écrivez par exemple :

```
Voici ma toute dernière &quot;Page d'accueil&quot;!
```

INFO

Balises méta des codes d'entités

Vous n'avez aucune envie de remplacer tous les caractères spéciaux par leur code d'entité ? Dans ce cas, ajoutez la ligne suivante dans l'en-tête du document HTML :

```
<meta http-equiv="Content-Type" content="text/html; ↵
charset=ISO-8559-1" />.
```

Placez par exemple cette ligne entre `</title>` **et** `<head>`**. La mention ISO-8559-1 oblige le navigateur à utiliser la norme Latin-1, le jeu de caractères valable pour l'Europe de l'Ouest et l'Amérique latine. Vous trouverez néanmoins les codes d'entités dans certains exemples de cet ouvrage. De nombreux éditeurs de pages web codent d'ailleurs automatiquement les caractères spéciaux.**

XHTML, XML et définition de type de document

Au problème des caractères spéciaux s'en ajoute un second : le HTML a évolué entre-temps en XHTML. Ce détail ne devrait pas nous inquiéter, puisque les deux langages sont identiques sur la majorité des points. Mais pas sur tous, cependant !

À vrai dire, le XHTML est tout simplement le langage HTML intégré dans le XML.

Mais qu'est-ce que le XML ?

INFO

Qu'est-ce que le XML ?

XML, abréviation d'eXtensible Markup Language, est un nouveau standard, développé avant tout pour des données logiquement structurées, comme des répertoires d'adresses, des bases de données, des catalogues, des formulaires en ligne, etc. En XML, structure et mise en forme sont strictement séparées. Vous pouvez (et devez) créer vos propres balises qui, en fonction de chaque contexte, ont leur propre signification. Le XML a été présenté pour la première fois par le World Wide Web Consortium (W3C) en 1998. Il est probablement voué à devenir le futur standard du Web. Le XML n'est toutefois géré que par les navigateurs les plus récents. De nombreux éléments, comme les liens hypertextes, le multimédia, etc., ne fonctionnent que grâce à des langages additionnels, dont certains sont encore en phase de développement. En raison de ces inconvénients et de son mode de construction complexe, le XML n'est pas approprié pour la mise en forme de vos pages Internet !

Le XHTML comme le HTML

Il n'est jamais très commode de programmer des pages web avec un langage complexe, a fortiori si celui-ci est encore lui-même en développement. Les responsables du W3C ont donc décidé de redéfinir le HTML selon les règles du XML. Cela signifie que tout (ou presque) ressemble au langage que nous connaissons.

Aucune nouvelle balise ne doit être créée, puisqu'il suffit d'avoir recours aux balises HTML déjà employées.

Mais certaines différences persistent toutefois :

1 Pour être précis, la balise `<html>` placée au début du document ne suffit plus.

2 Un document XML commence par ce que l'on appelle le prologue. Selon le standard W3C, tout document XHTML valide doit impérativement disposer d'un lien vers une DTD (Document Type Definition). Ce lien vers une DTD est également désigné par Déclaration de type de document.

3 En XML, des "espaces de noms" sont définis pour le HTML. À la place de `<html>`, vous devez à présent inscrire les trois lignes suivantes, numérotées ici pour clarifier la structure :

```
1 <?xml version="1.0"?>
2 <!DOCTYPE html PUBLIC "-//W3C//DTD XHTML 1.0 Transitional//EN"
"http://www.w3.org/TR/xhtml1/DTD/xhtml1-transitional.dtd">
3 <html xmlns="http://www.w3.org/1999/xhtml">
```

4 La ligne 1 est le prologue XML. Il s'agit en réalité de HTML intégré dans le XML.

5 La deuxième longue ligne présente le lien vers la Document Type Definition.

6 La ligne 3 ouvre l'espace de noms (namespace) pour le HTML, déjà évoqué. La balise `<html>` est complétée par l'attribut `xmlns`.

Plutôt complexe, non ?

Dans cet ouvrage, nous avons renoncé à intégrer ces trois lignes dans les documents HTML ou XHTML, préférant conserver la balise `<html>`.

Le lien vers la Document Type Definition à la ligne 2 est d'ailleurs totalement inutile. Pourquoi ?

1 Les navigateurs actuels (et les prochains) peuvent lire sans problème le (X)HTML sans DTD, puisque toutes les balises sont "intégrées" au navigateur, et sont donc connues.

2 Cette information est, à l'heure actuelle, simplement ignorée par les navigateurs courants.

3 Ces lignes sont très peu utilisées dans la pratique, et n'ont pour effet que de désorienter les débutants.

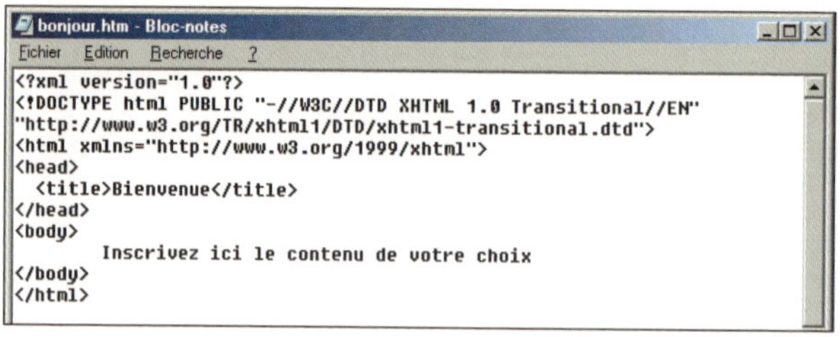


```
<?xml version="1.0"?>
<!DOCTYPE html PUBLIC "-//W3C//DTD XHTML 1.0 Transitional//EN"
"http://www.w3.org/TR/xhtml1/DTD/xhtml1-transitional.dtd">
<html xmlns="http://www.w3.org/1999/xhtml">
<head>
  <title>Bienvenue</title>
</head>
<body>
        Inscrivez ici le contenu de votre choix
</body>
</html>
```

Mais il est bien sûr essentiel que vous appreniez à manipuler un XHTML valide. C'est la raison pour laquelle nous vous présentons ci-contre le document rédigé dans un style XHTML parfaitement correct.

Il importe peu au navigateur que vous placiez la balise `<html>` ou ces trois lignes au début de votre document.

INFO

Convertir automatiquement le HTML en XHTML

Bonne nouvelle : il existe des programmes capables de convertir automatiquement le langage HTML en XHTML. HTML-TIDY est, par exemple, le programme gratuit proposé à cette fin par le W3C. Vous trouverez cet utilitaire dans le Freeware Editor HTML-Kit. Chargez-le à l'adresse *www.chami-com/html-kit*. Dans le kit HTML, sélectionnez *Actions/Tools/HTML Tidy/Convert to XHTML*. Vous disposez alors en quelques instants d'un document XHTML parfaitement correct.

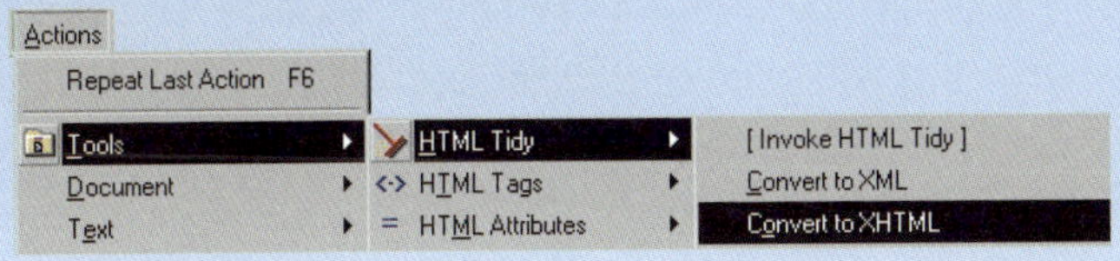

Trois définitions de types de documents

Si vous vous intéressez de plus près au thème des Document Type Definition, nous vous proposons encore un peu de théorie, avant de passer à la pratique.

La norme XHTML a été répartie par le W3C en trois définitions de types de documents. Nous vous en avons présenté une dans les pages précédentes.

Dans une DTD de ce type, vous trouvez des instructions concernant la structure du document. Celles-ci sont rédigées dans le langage SGML. Il existe d'une part une version stricte et, d'autre part, une version "modérée".

La version stricte (strict DTD) définit uniquement les éléments actuellement valides et non obsolètes. La DTD modérée, ou de transition (transitional DTD), correspond aux commandes XHTML (ou HTML) courantes. À ces deux versions s'ajoute une DTD pour les ensembles de cadres.

Les trois DTD sont consultables sur le serveur du W3C.

1 Le lien vers la "strict DTD", la définition de type de document stricte, se présente ainsi :

```
<!DOCTYPE html PUBLIC "-//W3C//DTD XHTML 1.0 Strict//EN"
"http://www.w3.org/TR/xhtml1/DTD/xhtml1-strict.dtd">
```

2 Si vous optez pour la DTD modérée, la version de transition, inscrivez ces lignes au début de votre document :

```
<!DOCTYPE html PUBLIC "-//W3C//DTD XHTML 1.0 Transitional//EN"
"http://www.w3.org/TR/xhtml1/DTD/xhtml1-transitional.dtd">
```

3 Vient ensuite la DTD usuelle pour les ensembles de cadres. Saisissez les lignes suivantes, avant vos définitions de cadres :

```
<!DOCTYPE html PUBLIC "-//W3C//DTD XHTML 1.0 Frameset//EN"
"http://www.w3.org/TR/xhtml1/DTD/xhtml1-frameset.dtd">
```

Nous avons déjà précisé qu'il s'agissait d'un lien vers une définition de type de document.

Mais où se trouve la définition en question, par exemple la "version de transition" ? Observez de plus près l'adresse http://www.w3.org/TR/xhtml1/DTD/xhtml1-transitional.dtd. C'est le lien dont nous parlions. Saisissez cette adresse URL dans votre navigateur, pour obtenir la définition complète.

Pas de panique : un document DTD est toujours rédigé dans le langage de description de document SGML. Voici un passage de la DTD, pour la version "transitional XHTML".

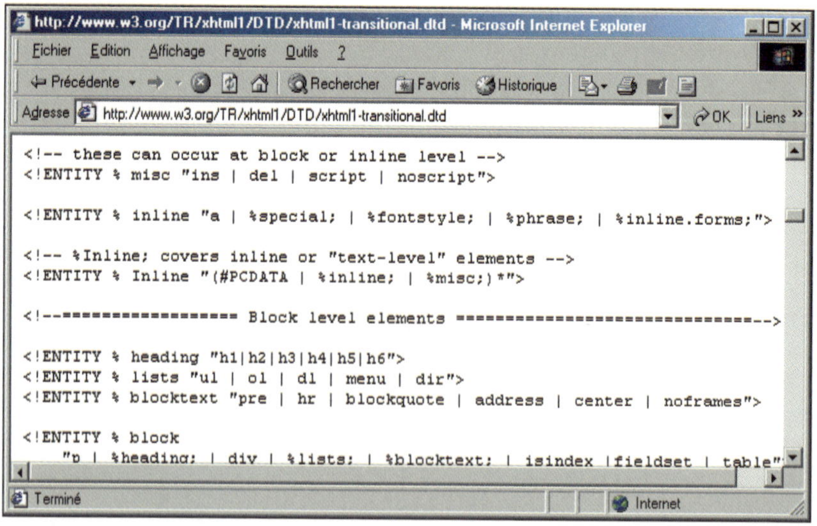

Nous en avons terminé avec la partie théorique. À vous de choisir entre ces différents modes de rédaction de pages web. En ce qui nous concerne, nous nous épargnerons toutes ces "formalités".

Titres, paragraphes et lignes

Après lecture de toutes ces explications détaillées, il est temps de réfléchir au contenu de votre document. Vous allez vite apprécier la facilité d'emploi du HTML. Dans les pages suivantes, le terme HTML est à prendre comme synonyme de XHTML.

Les informations suivantes suffisent à créer des pages web tout à fait acceptables.

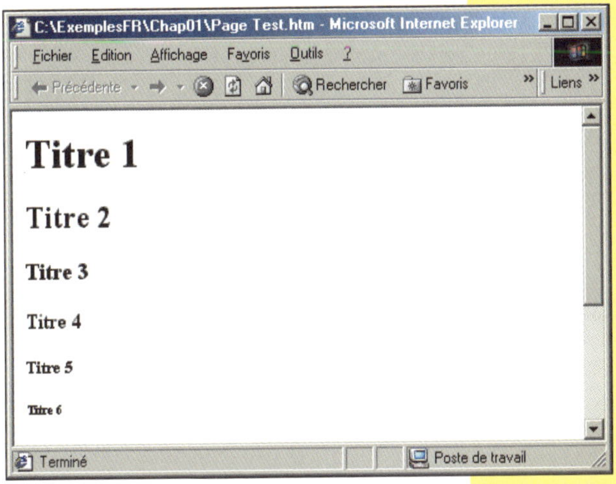

1 Vous souhaitez organiser le contenu de la page avec différents titres ? Vous disposez en HTML de six niveaux de titres, définis grâce aux balises `<h1></h1>` à `<h6></h6>` ! La lettre `h` correspond à heading, soit "titre". La taille et le format des titres dépendent du numéro.

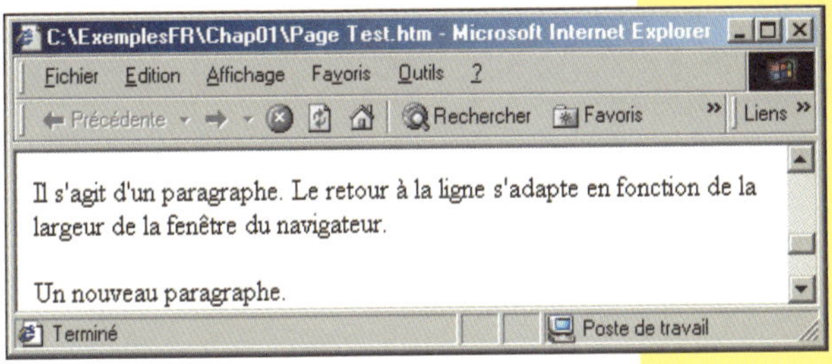

2 Le paragraphe (dont l'initiale et `p`) est introduit par la balise `<p>` et fermé avec `</p>`. Les différents paragraphes de textes sont séparés entre eux par un espace assez important.

3 Vous souhaitez seulement définir un retour à la ligne. Utilisez dans ce cas la balise `<br />`. Elle correspond à break. Ne disposant pas de balise de fermeture, elle doit être désactivée en interne. Laissez un espace après `br`, puis saisissez le signe `/`. Ce retour à la ligne permet de placer la suite du texte sur une nouvelle ligne, sans débuter de nouveau paragraphe.

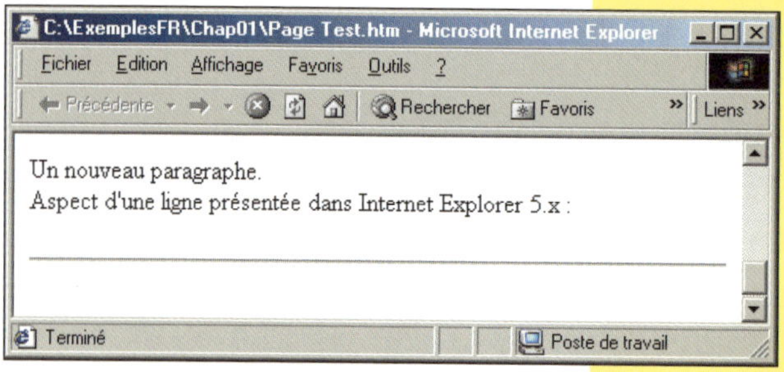

4 Une ligne est créée avec la balise `<hr />`. Vous remarquez sa construction intégrant le trait oblique après un espace. `hr` signifie horizontal rule (ligne horizontale). La figure vous montre le nouveau paragraphe, suivi d'une ligne.

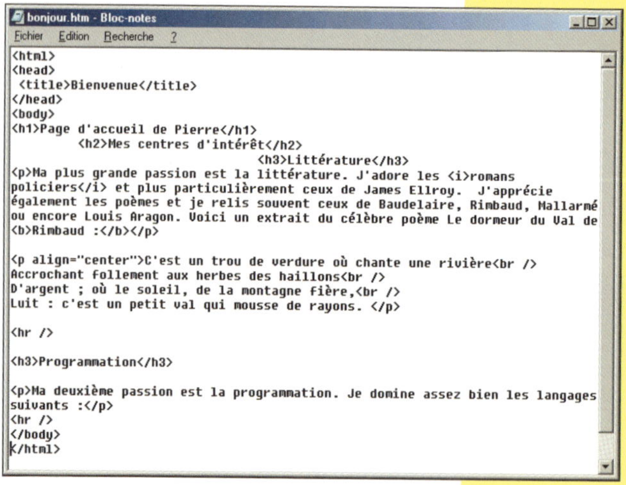
bonjour.htm - Bloc-notes

Fichier Edition Recherche ?

```
<html>
<head>
 <title>Bienvenue</title>
</head>
<body>
<h1>Page d'accueil de Pierre</h1>
        <h2>Mes centres d'intérêt</h2>
                                 <h3>Littérature</h3>
<p>Ma plus grande passion est la littérature. J'adore les <i>romans
policiers</i> et plus particulièrement ceux de James Ellroy.  J'apprécie
également les poèmes et je relis souvent ceux de Baudelaire, Rimbaud, Mallarmé
ou encore Louis Aragon. Voici un extrait du célèbre poème Le dormeur du Val de
<b>Rimbaud :</b></p>

<p align="center">C'est un trou de verdure où chante une rivière<br />
Accrochant follement aux herbes des haillons<br />
D'argent ; où le soleil, de la montagne fière,<br />
Luit : c'est un petit val qui mousse de rayons. </p>

<hr />

<h3>Programmation</h3>

<p>Ma deuxième passion est la programmation. Je domine assez bien les langages
suivants :</p>
<hr />
</body>
</html>
```

5 Les retours à la ligne dans le document dépendent de la taille de la fenêtre du navigateur. Un retour à la ligne dans l'éditeur ne joue aucun rôle, seules les balises comptent.

Vous découvrez ci-contre le document exemple. Rédigez ce texte à votre rythme, et n'oubliez pas d'enregistrer votre travail.

Vous connaissez à présent quelques-unes des règles essentielles gérant les documents HTML.

INFO

Structurez le texte source

Pour conserver une vue d'ensemble sur votre document, pensez à l'organiser logiquement. Vous pouvez à cet effet travailler avec des retours à la ligne, des retraits avec la touche Tab ou des espaces. Cette mise en page ne sera pas interprétée par le navigateur, mais vous sera très utile en cas de modification. Certains éditeurs de textes sources mettent les balises en valeur par des couleurs. Les éditeurs connus sont Homesite, Arachnophilia, HTM L-Kit ou 1st Page de Evrsoft. Dans les éditeurs tels que GoLive, FrontPage ou encore Dreamweaver, vous pouvez basculer en mode d'affichage du texte source, et éditer votre document. Consultez le dernier chapitre de cet ouvrage pour en savoir plus sur ces utilitaires.

Consulter la page dans le navigateur

Il peut s'avérer utile d'observer de temps à autre la page dans un navigateur. Plusieurs solutions sont envisageables. Nous vous les dévoilons ci-dessous :

1 L'éditeur et le navigateur sont tous les deux ouverts ? Enregistrez les dernières modifications apportées au fichier HTML, via la commande **Fichier/ Enregistrer**.

2 Observez la barre des tâches en bas de votre écran. Vous avez une vue d'ensemble de tous les fichiers actuellement ouverts. Cliquez sur le bouton du navigateur pour l'activer au premier plan. Vous pouvez également basculer entre la fenêtre du navigateur et l'éditeur grâce à la combinaison de touches Alt+Tab.

3 Dans la fenêtre du navigateur qui s'affiche, cliquez sur le bouton **Actualiser**. Cette mise à jour de la page peut être lancée par la touche [F5]. Le navigateur de Netscape vous propose également un bouton d'actualisation.

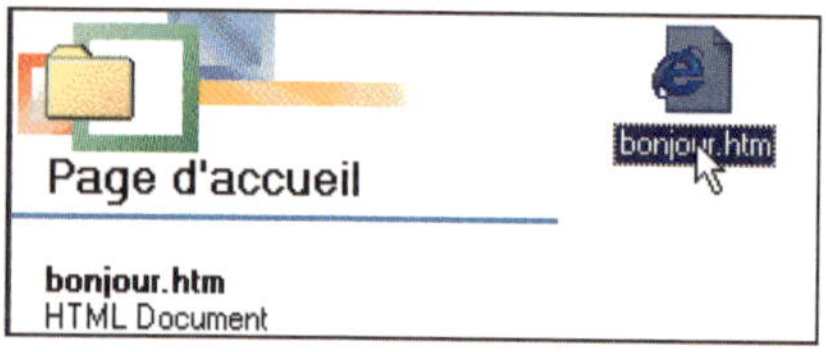

4 Le navigateur n'est pas activé pour l'instant ? Dans ce cas, double-cliquez sur votre fichier dans l'Explorateur Windows. Cette action ouvre votre fichier HTML dans le navigateur standard.

5 Si vous souhaitez consulter le fichier dans un navigateur autre que celui lancé par défaut, ouvrez le programme en question (Netscape par exemple) puis, bouton gauche de la souris appuyé, faites-glisser le symbole du fichier vers la fenêtre ouverte du navigateur.

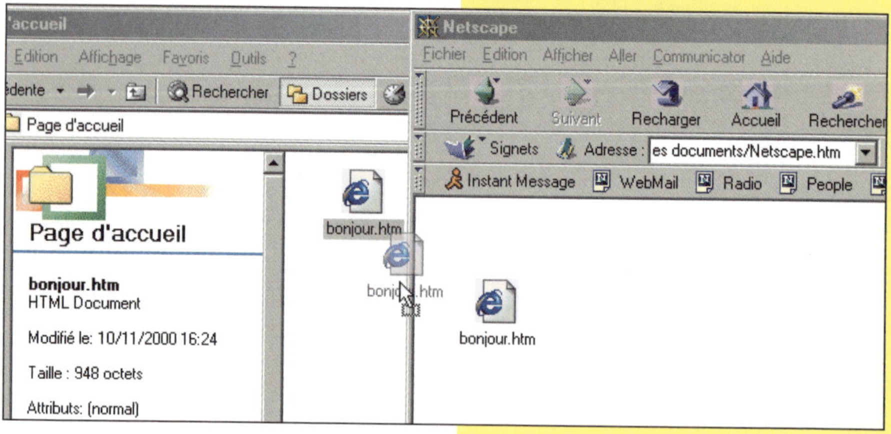

Il n'est pas inintéressant de visualiser le fichier dans différents navigateurs. Chaque navigateur a sa façon propre de présenter les documents. Les designers web avertis contrôlent régulièrement l'aspect de leurs documents dans plusieurs programmes.

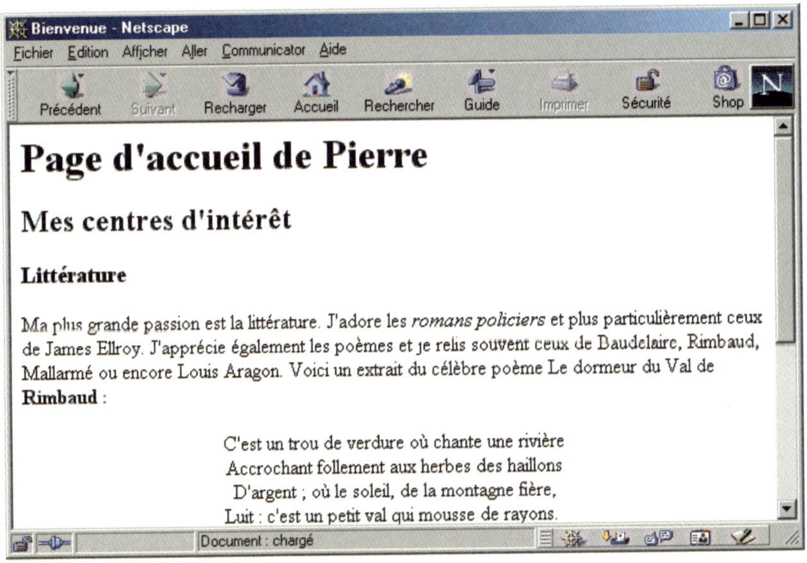

Gérer les paragraphes et les lignes avec des attributs

Comment fonctionnent le positionnement de paragraphes sur les pages web, ou la modification de la largeur ou de l'épaisseur des lignes ? Il vous suffit de compléter par des attributs les balises étudiées.

Modifier l'alignement de paragraphes avec align

Les paragraphes de texte sont par défaut alignés à gauche. Mais un ancrage au centre, un alignement à droite, ou encore justifié, sont des mises en page envisageables, grâce à l'attribut `align`.

Chaque attribut est accompagné d'une valeur. Les différentes options sont présentées dans le tableau suivant.

Valeurs d'attributs d'alignement de paragraphes

Valeur	Alignement	Exemple
`Left`	à gauche, par défaut	`<p align="left">`
`Right`	à droite	`<p align="right">`
`Center`	au centre	`<p align="center">`
`Justify`	justifié	`<p align="justify">`

Testez vous-même l'emploi de l'attribut `align` :

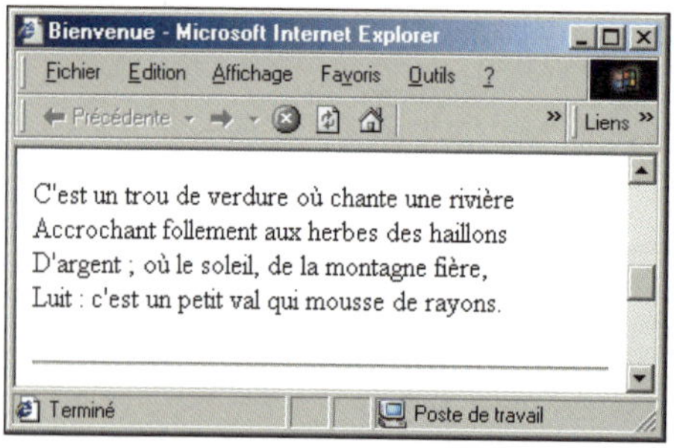

1 Dans notre exemple, le paragraphe correspondant au poème doit être centré sur la page. Pour le moment, il est encore aligné sur la bordure gauche de la fenêtre du navigateur.

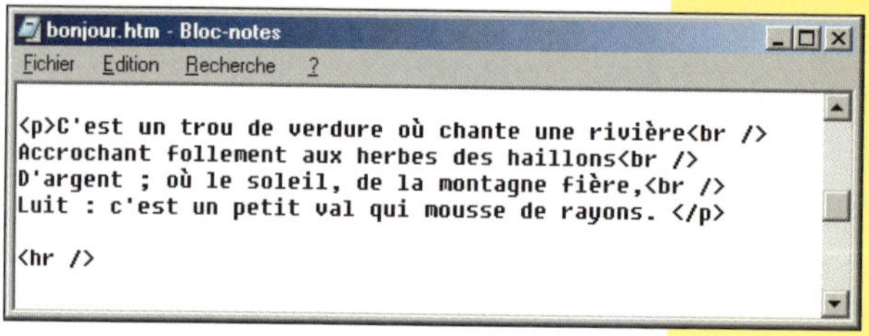

2 Il s'agit jusqu'ici d'un paragraphe courant, aligné par défaut à gauche, comme tous les autres paragraphes. Les balises de retour à la ligne (`<br />`) permettent de placer les vers les uns sous les autres.

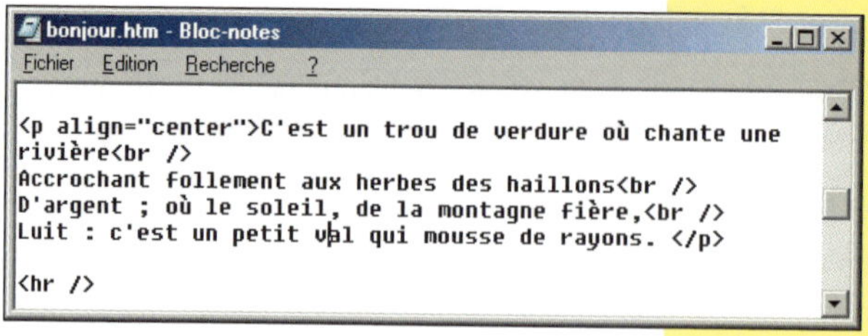

3 Placez le curseur d'insertion à droite du `p` de la balise <p>. Ajoutez l'attribut `align="center"`, à l'intérieur de cette balise.

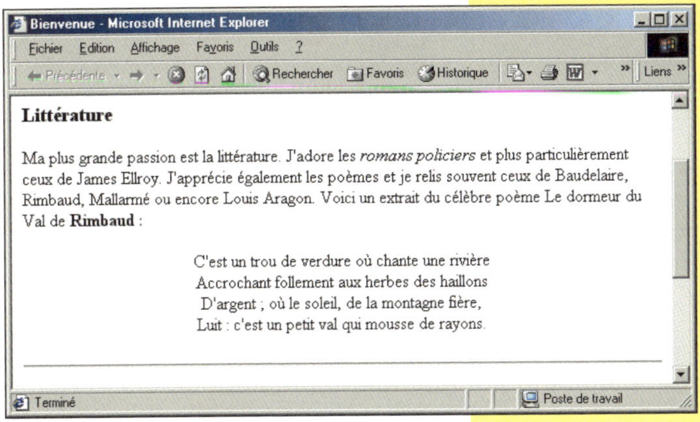

4 Cette modification permet de centrer le paragraphe.

Veillez à ce que les noms d'attributs soient également écrits en caractères minuscules, comme les balises HTML. Les valeurs d'attributs doivent toujours être placées entre guillemets. Si vous renoncez à l'emploi d'un attribut, la valeur par défaut sera alors prise en compte.

Comme nous l'avons déjà souligné, la valeur par défaut est "aligné à gauche" dans le cas de paragraphes.

Contrôler les lignes grâce aux attributs

Les lignes peuvent elles aussi être gérées par l'intermédiaire d'attributs. Il est en effet possible de modifier la position des lignes mais également la largeur, la couleur ou l'épaisseur. Les applications des attributs de lignes sont exposées ci-dessous :

1 L'attribut `width` permet de déterminer la largeur d'un élément. Pour créer une ligne de 100 pixels de largeur par exemple, inscrivez :

```
<hr width="100" />
```

2 Dans le cas des lignes, l'attribut `align` est fixé par défaut sur la valeur `center`. La ligne fera donc 100 pixels de largeur, et sera placée au centre de la page. Si nécessaire, ajoutez `align="left"` ou `align="right"`.

```
<hr width="100" align="left" />
```

3 Les indications de mesures relatives sont par ailleurs possibles. Placez simplement le signe `%` après la valeur. La ligne suivante est placée à gauche, et occupe 30 % de la largeur de la fenêtre.

```
<hr width="30%" align="left" />
```

4 Vous souhaitez modifier l'épaisseur de la ligne ? Utilisez dans ce cas l'attribut `size` ! Grâce à `size="3"` par exemple, vous définissez une ligne de 3 pixels d'épaisseur.

```
<hr width="30%" align="left" ↵
size="3" />
```

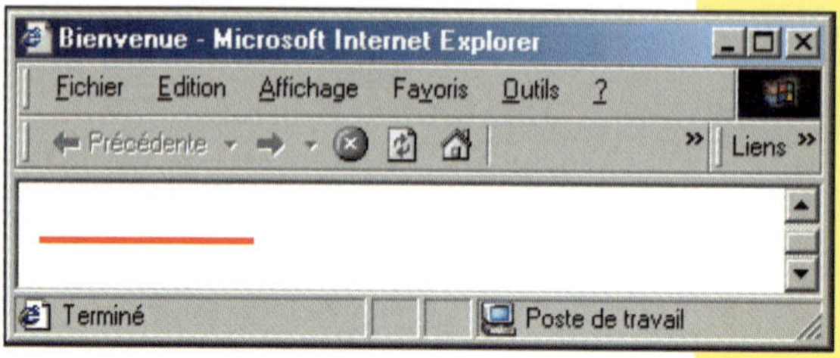

5 Pour finir, vous pouvez également doter la ligne d'une couleur, grâce à l'attribut `color`. Les valeurs autorisées sont celles des noms anglais de couleurs, comme `red`, `green`, `blue`, `silver`, etc. La ligne suivante occupe 30 % de la largeur de la fenêtre ; elle est placée à gauche, fait 3 pixels d'épaisseur et sa couleur est rouge.

```
<hr width="30%" align="left"
 size="3" color="red" />
```

Dans le cas des lignes, les valeurs par défaut des différents attributs sont `"center"` pour `align`, `1` pixel pour `size`, `"100%"` pour `width` et la couleur est le noir. Le dernier chapitre de cet ouvrage présente une liste des couleurs possibles.

L'ordre des différents attributs n'a pas d'importance.

Attributs et valeurs de lignes

Voici un tableau récapitulatif des attributs et valeurs applicables aux lignes :

Attributs de lignes

Balise	Attribut	Valeur	Description	Exemple
`<hr />`			Définit une ligne.	`<hr />`
	`size`	`Pixel`	Épaisseur de ligne, par défaut `1`.	`<hr size="5" />`
	`width`	`Pixel, %`	Largeur en pixel ou pourcentage, par défaut 100 %.	`<hr width="300" />`
	`align`	`center`	Centré, valeur par défaut.	
		`left`	À gauche.	`<hr width="50%" align="left" />`

Attributs de lignes

Balise	Attribut	Valeur	Description	Exemple
		`right`	À droite.	`<hr width="350" align="right" />`
	`color`	`red, blue, green, etc.`	Attribut une couleur à la ligne	`<hr color="blue" />`

Mise en forme de polices avec les balises

Nous abordons maintenant la mise en forme de caractères. Appliquez des propriétés comme gras ou italique, ou travaillez avec différentes couleurs ou polices.

Dans ce domaine, vous disposez en HTML des balises suivantes :

- <b></b> comme `bold`, pour un texte formaté en gras.
- <i></i> comme `italic`, pour appliquer la propriété italique.
- <u></u> comme `underline`, pour souligner des passages de texte.

Il n'est pas inutile d'employer ces propriétés sur vos pages, hormis <u></u>. Il est en effet préférable de renoncer à cette dernière, pouvant être confondue avec un lien hypertexte.

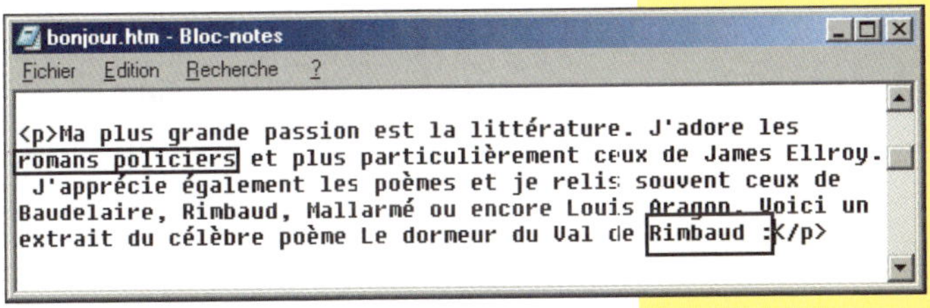

1 Dans notre exemple, nous allons présenter l'expression *Romans policiers* avec une police en italique. Le nom du poète Rimbaud sera quant à lui affiché en gras.

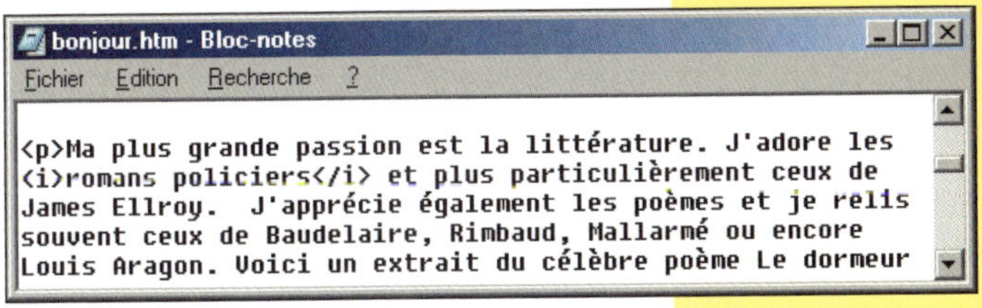

2 Activez la propriété italique en inscrivant la balise <i>. N'oubliez pas de la désactiver grâce à la balise </i>.

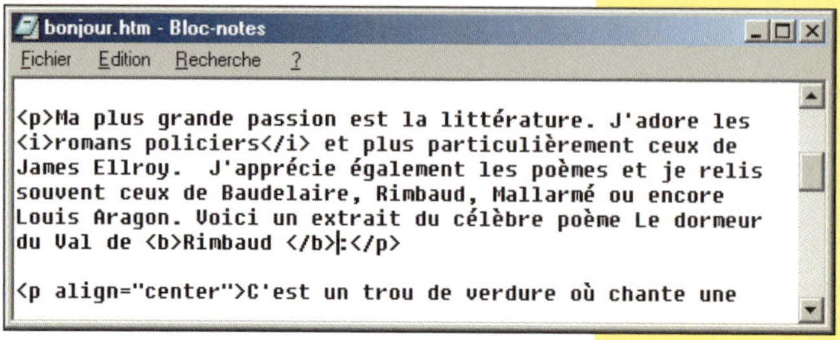

3 L'application de la propriété gras fonctionne sur le même principe. Activez-la avec <b>, et désactivez-la avec </b>.

4 Enregistrez le document, puis actualisez l'affichage dans la fenêtre du navigateur. Observez les modifications apportées à votre texte.

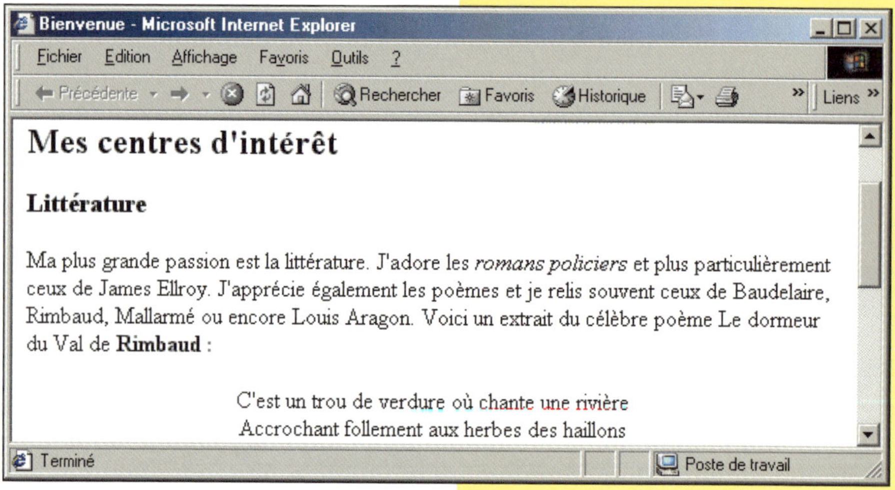

Principales balises de mise en forme de texte

Voici une liste des principales balises de mise en forme de caractères. Le mode de présentation des passages de textes dépend toutefois du navigateur.

Balises de mises en forme de textes

Balise	Description	Exemple
<h1></h1> à <h6></h6>	Niveaux de titres 1 à 6.	<h2>Titre 2</h2>
<b></b>	Bold, caractères gras.	Mise en valeur avec des caractères <b>gras</b>
<i></i>	Italics, caractères italiques.	Police en <i>italique</i>
<u></u>	Underlined, caractères soulignés.	Merci de <u>ne pas</u> effacer
<span></span>	Définit un container <span>, idéal pour les mises en forme de caractères via des feuilles de styles.	Le mot est en <span class="rouge" id="rouge">rouge</span>
<strike></strike>	Texte barré.	<strike>caractères barrés </strike
<big></big	Caractères plus grands.	<big>I</big>l était une fois
<small></small>	Caractères plus petits.	<small>plus petits</small>
	subscript, indice.	H₂0
	superscript, exposant.	10⁵
<em></em>	emphatic, texte mis en valeur, accentué, souvent affiché en italique.	C'est <em>très</em> important
<strong></strong>	strong, forte mise en valeur de caractères, souvent en gras.	Merci de ne <strong>pas fumer </strong>
<code></code>	Présentation de code source.	<code>function bonjour ( ) </code>
<kbd></kbd>	Texte pour marquer les saisies de l'utilisateur.	Saisissez <kbd>jeux md</kbd>
<cite></cite>	Mise en forme de citations, souvent en italique.	voir aussi <cite>Raggett 00 </cite>

Balises de mises en forme de textes		
Balise	**Description**	**Exemple**
`<dfn></dfn>`	definition, texte de définition.	`<dfn>p correspond à paragraph </dfn>`
`<samp></samp>`	Structure prévue pour les exemples.	`<samp>§%&$</samp>`
`<q></q>`	Pour de brèves citations, souvent affichées en italique.	`<q>Bonjour</q> dit-il`
`<tt></tt>`	Teletype, texte présenté en caractères de machine à écrire.	`<tt>Texte en caractères Courier par exemple</tt>`

Listes numérotées et listes à puces

Les listes sont un moyen judicieux de présenter efficacement des énumérations, par exemple. Procédez de la manière suivante :

1 Les différentes entrées de la liste sont encadrées des balises `<li></li>`, `li` signifiant `list item` (entrée de liste).

```
<ol>
<li>JavaScript</li>
<li>VBA</li>
<li>C++</li>
</ol>
```

2 Une liste numérotée est introduite par la balise `<ol>` et désactivée avec `</ol>`. Ces balises encadrent la liste, et sont l'abréviation de `ol` (`ordered list`), soit liste ordonnée. La numérotation des points de la liste est automatique.

3 Une liste à puces est quant à elle délimitée par les balises `<ul>` et `</ul>`. En HTML, les entrées de ce type de listes sont donc précédées d'une puce. `ul` est l'abréviation de `unordered list`.

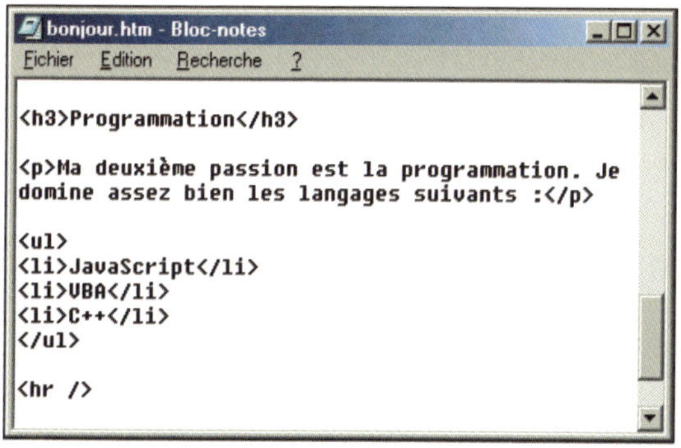

Nous allons ajouter une liste sur notre document exemple. Inscrivez les lignes suivantes dans le texte source de votre page HTML. Nous avons opté pour une liste à puces, encadrée des balises `<ul></ul>`.

Les listes peuvent également être complétées par de multiples attributs, permettant par exemple de sélectionner la puce, de déterminer une valeur standard pour la numérotation. Les possibilités sont illimitées. Vous trouverez un tableau de référence à la fin de cet ouvrage.

Mise en forme HTML

La liste des options de mises en forme HTML est longue. Il est par exemple possible de modifier le type, la taille et la couleur de la police employée, comme le montrent les indications suivantes.

Modifier le type, la couleur et la taille de police

Le navigateur affiche vos pages en Times ou en Times New Roman, mais vous avez peut-être envie d'une présentation plus personnalisée ?

1 Dans les anciennes versions HTML, la balise `<font>` était encore autorisée. Il vous suffit de délimiter le passage concerné avec `<font></font>`.

2 La balise `<font>` accepte les attributs suivants :

- `face` spécifie le nom de la police.
- `size` indique la taille de la police, de `1` à `7` (valeur par défaut : `3`).
- `color`, précise le nom de la couleur comme `blue` (bleu), `red` (rouge), etc.

3 Pour présenter par exemple un passage en rouge, avec une taille supérieure et la police Arial, ajoutez la ligne suivante dans votre document :

```
<font face="Arial" size="4" ↵
color="red">Voici le texte </font>
```

4 Les développeurs en HTML ont, depuis, renoncé à la balise `<font>`, et recommandent l'emploi des feuilles de styles. En langage XHTML, la balise `<font>` n'est plus du tout employée ; il n'y a donc pas lieu d'approfondir ce sujet dans cette section.

Nous reviendrons ultérieurement plus en détail sur les feuilles de styles. Vous verrez comment attribuer un style aux caractères de façon plus "moderne".

Créer des lignes d'espace entre les paragraphes

Avez-vous déjà essayé d'insérer des espaces de plusieurs lignes entre vos paragraphes ? Peut-être avez-vous employé la méthode consistant à placer plusieurs paragraphes vides les uns sous les autres, de la façon suivante :

```
<p></p>
<p></p>
```

1 Cela n'a pas donné le résultat escompté ? Sachez que le navigateur ne peut interpréter qu'un seul paragraphe "vide" à la fois.

2 L'astuce : ajoutez simplement un espace protégé (` `) entre les deux balises :

```
<p> </p>
<p> </p>
```

Vous obtenez ainsi facilement les lignes vides souhaitées.

La meilleure solution réside toutefois dans l'emploi des feuilles de styles, et plus particulièrement dans celui des attributs `margin` ou `padding`.

INFO

Espace "protégé"

Un "non breaking space" sert habituellement à empêcher un saut à la ligne inopportun (dans le cas de coupures de mots, par exemple).

Albums : photos, couleurs et images

Une page web dénuée d'images attire moins bien l'attention des visiteurs. Pourquoi alors ne pas intégrer des images et des photos sur vos pages web ? Il serait dommage de ne pas travailler avec des couleurs et des effets d'arrière-plan. Vous pouvez même présenter votre propre galerie de photos sur le Web ! En tout état de cause, les solutions existent.

Avant d'introduire une image dans votre document, prenez néanmoins le temps de lire ces quelques remarques préliminaires.

Vue d'ensemble des formats : du format .gif à la palette web

Vous avez l'habitude de numériser vos photos de vacances, d'enregistrer des images directement à partir de votre caméscope numérique, et vous maîtrisez l'édition d'images. Vous ne devriez donc rencontrer aucun problème.

Un détail : les images destinées au Web doivent être disponibles aux formats *GIF*, *JPEG* (ou *PNG*). Les formats tels que *BMP* ou *TIF* ne sont en revanche pas appropriés.

INFO

Votre programme graphique est-il adapté ?

Dans quel programme graphique travaillez-vous ? Adobe PhotoShop ? Ulead Photo Impact ? Corel PhotoPaint ? Jasc Paint Shop Pro? Dans ce cas, vous disposez d'outils adéquats. Vous utilisez un autre programme, et vous ne savez pas si cet outil est adapté à la création de graphiques web ? Vérifiez simplement les formats proposés, en sélectionnant la commande *Fichier/ Enregistrer sous*, puis contrôlez les options de la liste déroulante *Type*. Vous devez trouver les formats **.gif*, **.jpg* ou **.jpeg*. Si vous envisagez de travailler plus sérieusement sur la mise en page de sites web, il sera préférable d'investir dans un bon programme graphique. Paint Shop Pro, un outil que nous vous recommandons, propose une palette étendue de fonctions, qui n'a rien à envier au modèle du genre, PhotoShop, dont le coût est nettement plus élevé.

Avantages et inconvénients des formats de fichiers graphiques

Cette partie a pour objectif de mettre en valeur les avantages et les inconvénients des différents formats graphiques.

1 Le tableau ci-dessous regroupe les particularités des formats graphiques, accompagnées de quelques conseils. Les trois formats graphiques suivants sont actuellement adaptés pour le Web :

Propriétés de formats graphiques pour le Web

Format graphique	GIF	JPG	PNG
Nombre de couleurs maxi	256	16,7 millions (TrueColor).	16,7 millions (TrueColor).
Transparence	Possible	Impossible	Possible
Approprié pour	Photos, "images texte", bannières animées.	Photos de haute qualité.	Images texte, animations, photos de haute qualité.
Remarques	Plusieurs images peuvent être enregistrées dans un seul fichier pour créer une animation GIF.	Facteur de compression réglable, compression avec perte de qualité élevée.	Accepté uniquement par les navigateurs les plus récents.

2 Nous vous recommandons d'opter pour le format GIF. Les fichiers correspondants sont de petite taille, et occupent dès lors une place réduite sur le disque. La possibilité d'ajouter un effet de transparence n'est en outre pas négligeable. Comparez les images suivantes : sur celle de droite, la couleur d'arrière-plan est transparente, et permet de voir le fond de la page.

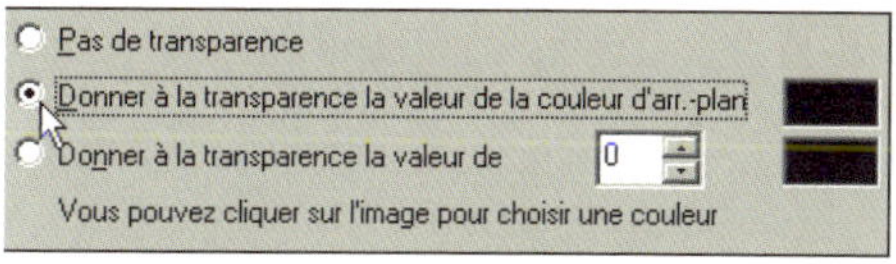

3 Comment configurer une transparence d'arrière-plan ? Tout dépend de votre programme graphique. Dans Paint Shop Pro, sélectionnez la commande **Couleurs/Réglage de la transparence**, puis activez l'option *Donner à la transparence la valeur de la couleur d'arr.-plan.* Validez en cliquant sur OK.

4 Un autre atout en faveur du format GIF : en un tournemain, vous pouvez créer des animations et des bannières. Paint Shop Pro possède un programme complémentaire appelé Animation Shop. Comme dans un film, vous pouvez composer la bannière à partir d'images isolées. Vous pouvez également créer des fichiers *GIF* animés avec d'autres programmes, comme Ulead GIF-Animator, ou StarOffice (www.sun.com/staroffice).

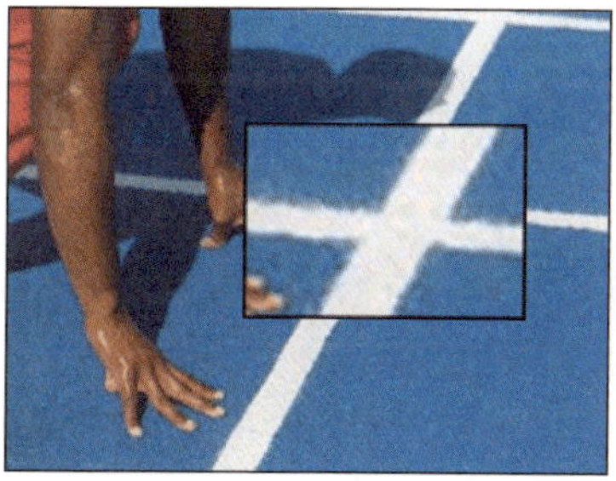

5 Le format JPEG peut distinguer jusqu'à 16,7 millions de couleurs différentes. Les images perdent néanmoins en qualité lors de la compression que le procédé implique. Les limites entre les couleurs sont floues, comme le montre l'agrandissement ci-dessous. Ces pertes de qualité n'ont en revanche pas lieu avec le format GIF.

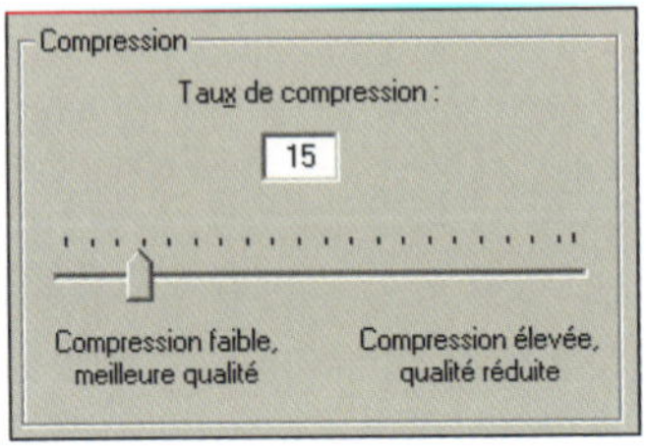

6 Vous utilisez le format JPG ? Trouvez dans ce cas un compromis entre compression et qualité dans votre programme. Dans Paint Shop, ouvrez la boîte de dialogue d'enregistrement, puis cliquez sur le bouton **Options**. Choisissez ensuite le taux de compression des images.

Le format PNG réunit certes les avantages des formats GIF et JPG. Nous vous conseillons toutefois d'y renoncer pour le moment. Le nouveau format PNG n'est pas encore géré par tous les navigateurs. L'utilisation d'un plug-in est dans ce cas nécessaire.

La palette web : une valeur sûre

Pour compléter cette première partie théorique sur les images et les formats graphiques, parlons un peu des couleurs.

1 Chaque ordinateur a sa propre façon de représenter vos couleurs. Cela dépend de la machine, mais également du système d'exploitation qui s'y exécute. Sur un Mac par exemple, les couleurs sont souvent plus claires que sur un PC.

2 Le nombre de couleurs sélectionné joue également un rôle. Vous pouvez présenter une photo JPG avec 16,7 millions de couleurs, mais la personne qui visite votre site peut avoir opté pour un affichage avec 256 ou 16 couleurs. Les couleurs non affichées sont alors remplacées par des valeurs approchantes, et l'image est donc faussée. Voici par exemple une image affichée avec un nombre de couleurs trop faible.

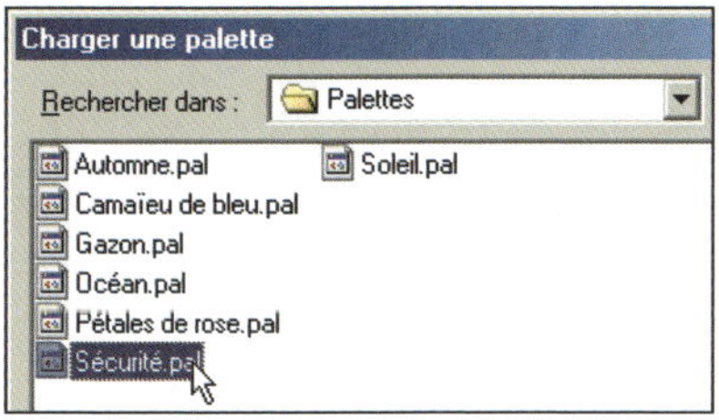

3 Si vous optez pour un format GIF avec 256 couleurs, il vous est impossible de savoir si, à l'affichage, chacune sera fidèle à l'originale. La palette web a été développée dans cette optique. Il s'agit de 216 couleurs dont les nuances sont très semblables sur tous les ordinateurs.

4 Les meilleurs programmes graphiques vous permettent de relier vos images à cette palette. Dans Paint Shop Pro, sélectionnez la commande **Couleurs/ Charger une palette**. Ouvrez le dossier *Palettes*, qui se trouve normalement sous *Program Files/Paint Shop Pro 6*, puis double-cliquez sur l'entrée *Sécurité*. Certaines couleurs sont alors remplacées par celles de la palette web.

Après lecture de toutes ces informations théoriques, la préparation des images et le choix du schéma de couleurs adéquat ne devraient plus vous poser de problèmes.

Numériser et modifier vos photos

Cette section présente un certain nombre d'astuces relatives à la numérisation et à l'édition de photos. Les explications sont fondées sur le programme d'édition graphique Paint Shop Pro, mais la procédure est semblable sur d'autres logiciels de ce type.

INFO

Paint Shop Pro est le programme idéal !

Aucun programme graphique n'est encore installé sur votre ordinateur, et vous espérez trouver un logiciel performant, et à un tarif relativement bas. Optez dans ce cas pour le programme d'édition d'images Paint Shop Pro (PSP), parfait pour l'édition et la transformation d'images. Paint Shop Pro collabore avec tous les scanners et les caméscopes numériques courants et dispose, avec Animation Shop, d'un programme d'animation, permettant la création de bannières. La version actuelle est la 7. Le programme, dont le prix avoisine les 1000 FF, maîtrise la technique des calques, travaille également comme programme d'images vectorielles, et peut enregistrer vos fichiers au format quatre couleurs. Paint Shop Pro est un programme très rapide (à la différence de ses homologues, comme Microsoft Photo Draw) et très efficace. Une version démo gratuite de PSP est disponible à l'adresse www.jasc.com**. Pour avoir un aperçu des fonctions de la version actuelle du programme, lisez les explications suivantes.**

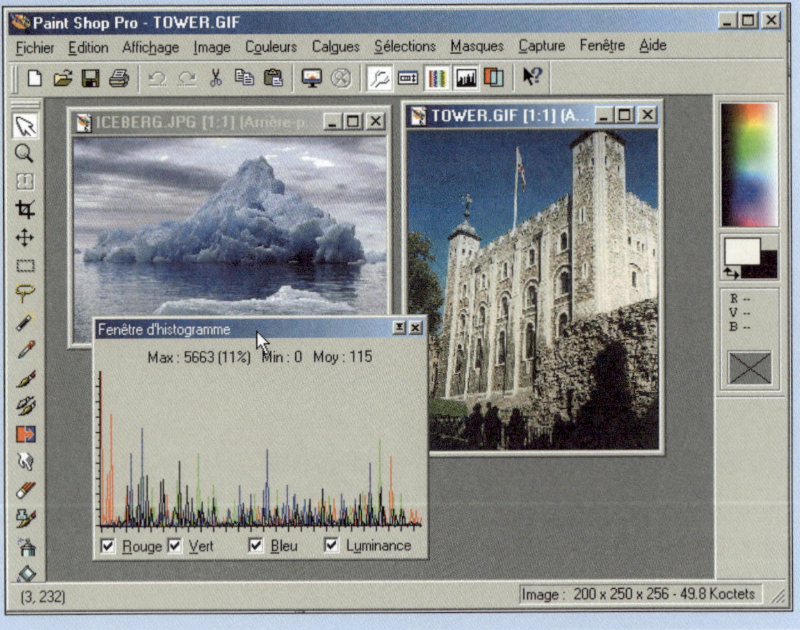

1 Pour numériser l'une de vos photos, sélectionnez la commande **TWAIN/ Acquérir** du menu **Fichier/Importer**.

2 La boîte de dialogue qui apparaît dépend de votre modèle de scanner. En règle générale, un "prescan" est exécuté. Choisissez ensuite la zone d'image à numériser, puis la résolution. Pour des images destinées au Web, le choix de *72 dpi* est parfaitement suffisant.

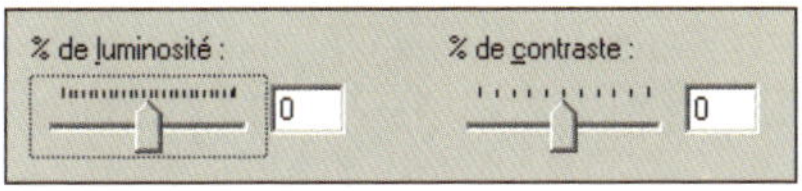

3 Modifiez ensuite votre photo dans le programme d'édition d'images. Dans PSP, sélectionnez le menu **Couleurs/Ajuster**. Ce dernier offre des options de configuration de la luminosité, du contraste, etc.

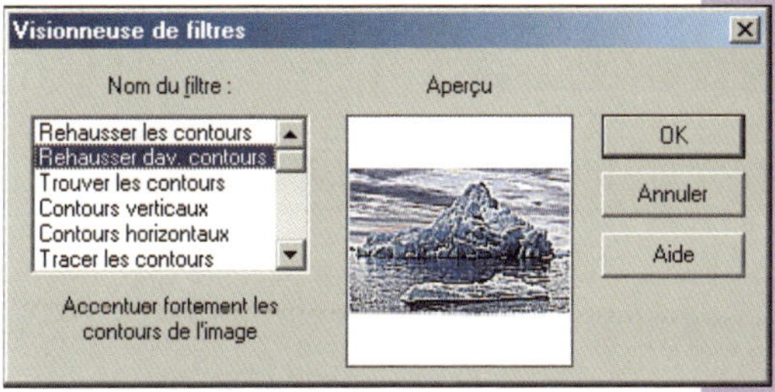

4 Testez les effets des différents filtres proposés dans le menu **Image/Effets**. Essayez également la visionneuse de filtres, et ses nombreuses options.

5 Le filtre *Bruit*, disponible dans le menu **Image/Bruit**, donne également des résultats étonnants.

Enregistrez de préférence tous vos fichiers images dans le dossier de votre fichier HTML.

Intégrer l'image dans le document HTML

La photo est prête, mais il vous reste à l'intégrer dans votre document. Vous allez voir que la procédure n'a rien de compliqué. L'essentiel est que l'image soit dotée de l'une des extensions citées précédemment.

Après lecture des pages suivantes, la création d'une galerie d'images n'aura plus de secret pour vous.

Relier une image sous forme de lien

L'ancrage d'une image dans un fichier HTML est très simple. Les images ne sont pas enregistrées directement dans le document HTML, mais une commande spécifique permet d'ouvrir le fichier relié.

INFO

Le nom du fichier est important !

Le nom du fichier ne doit comporter aucun espace ni accent. Veillez également à la casse des caractères. Votre PC sous Windows accepte indifféremment les choix Tower.gif ou tower.gif ; même si vous reliez votre fichier avec tower.gif, l'affichage sera toujours correct. Sur les serveurs web (système de fichiers UNIX) une distinction est toutefois faite entre majuscules et minuscules. Si l'image ne peut pas s'afficher, le visiteur ne verra rien à l'emplacement correspondant. C'est la raison pour laquelle nous vous recommandons de faire preuve de rigueur, et d'opter pour les minuscules et des noms de fichiers courts.

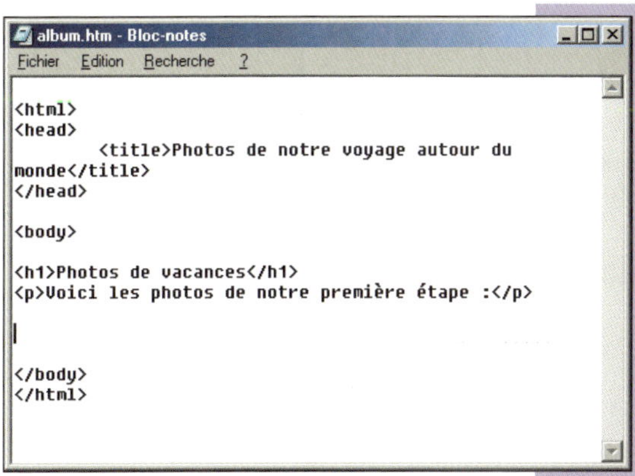

1 Le texte source de notre document exemple est le suivant. Le curseur clignote à l'endroit où les images doivent être ajoutées.

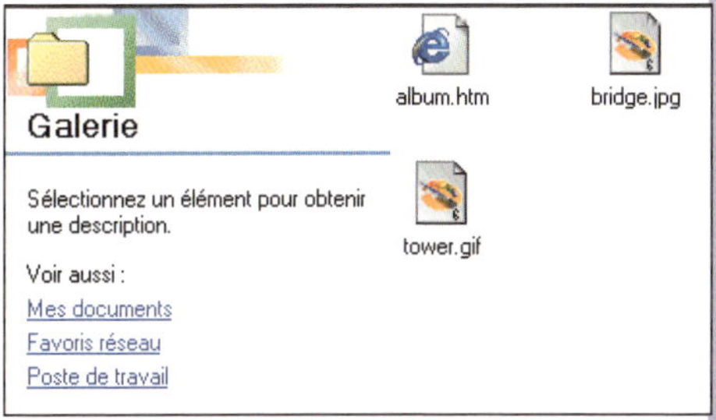

2 Enregistrez de préférence les images dans le dossier contenant déjà le fichier HTML. Dans notre exemple, il s'agit des fichiers *tower.gif* et *bridge.jpg*. Le fichier HTML est désigné par le nom *album.htm*.

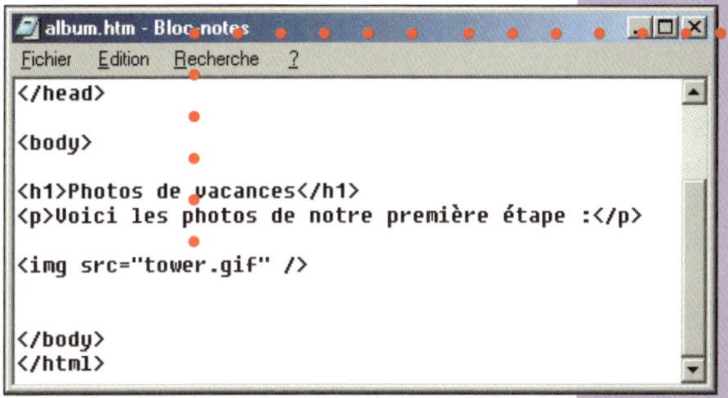

3 La première étape consiste à ajouter un lien vers le fichier *tower.gif*. Utilisez la balise `<img>`, en la complétant par l'attribut `src` (pour `source`). Inscrivez dans le document HTML :

```
<img src="tower.gif" />
```

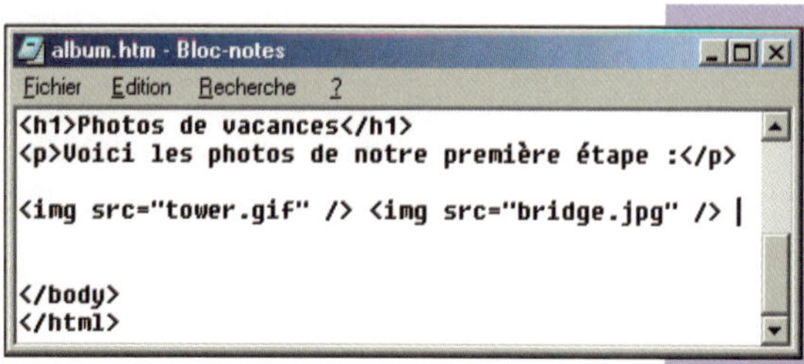

4 Ajoutez la seconde image en vous fondant sur cette même structure. Dans notre exemple, le fichier s'appelle *bridge.jpg.* Enregistrez le fichier HTML, et appréciez le résultat. Si la fenêtre du navigateur est assez large, les deux images seront affichées côte à côte.

Pourquoi est-il nécessaire de saisir un trait oblique après un espace ? La balise `<img>` n'a habituellement pas besoin de balise de fermeture. La fermeture de ce type de balises étant néanmoins obligatoire en XHTML, il faut opter pour cette construction. Grâce à l'espace, les anciens navigateurs interprètent le trait oblique comme un attribut supplémentaire, et l'ignorent.

Vous pouvez bien sûr omettre l'espace et le slash, et suivre la construction de l'ancien standard HTML 4, en renonçant alors au XHTML.

Aligner les images

L'alignement d'images dans un document est assez complexe. Normalement, l'image se comporte comme un signe (de grande taille bien sûr !).

Vous n'avez pas ajouté d'attribut dans la balise `<img>` ? Si la largeur du navigateur et la taille de l'image le permettent, les images seront placées côte à côte. Le texte est décalé vers le bas.

Si vous souhaitez que le texte soit placé à côté de l'image, complétez l'attribut `align`. Les variantes sont les suivantes :

```
<img src="tower.gif" align="left" />,
Le texte se trouve à droite de l'image.
<img src="tower.gif" align="right" />,
Le texte se trouve à gauche de l'image.
```

L'option de centrage n'est pas possible dans ce cas de figure.

Mais revenons sur le principe d'alignement, en travaillant avec une seule image.

1 Sur cette illustration, l'image a été placée à gauche. Le texte est alors ancré à sa droite et, dans le cas de passages longs, il entoure l'image. La syntaxe de l'exemple est la suivante :

```
<img src="bridge.jpg" ↵
align="left" />
Nous avons bien sûr ...
```

2 Voici la variante avec une image placée à droite. Utilisez dans ce cas l'attribut `align="right"`. Les sauts à la ligne dépendent de la largeur de la fenêtre du navigateur. Vous ne pouvez donc pas fixer à l'avance l'apparence dans le navigateur. Le texte source d'une image placée à droite est :

```
<img src="bridge.jpg" ↵
align="right" />
Nous avons bien sûr ...
```

3 Sans l'attribut `align`, l'image se comporte comme un signe ; le résultat est alors le suivant :

4 Si vous souhaitez placer les deux images l'une en dessous de l'autre, laissez l'attribut `align` de côté. Placez chaque image dans un paragraphe.

```
<p><img src="tower.gif" /></p>
<p><img src="bridge.jpg" /></p>
```

5 Vous êtes ensuite libre de placer les différents paragraphes à gauche, à droite ou au centre du document. Ajoutez simplement `align="left"`, `align="right"` ou `align="center"` à l'intérieur de la balise <p>. Dans l'exemple suivant, la première image est centrée, alors que la seconde est placée à gauche.

```
<p align="center"> ↵
<img src="tower.gif" /></p>
<p><img src="bridge.jpg" /></p>
```

INFO

Alignement exact à l'aide d'un tableau

Comment faire pour placer du texte à gauche et à droite de l'image, ou encore pour positionner l'image à un endroit précis, sur la page ? En ayant recours à une petite astuce : placez l'image dans un tableau (invisible). Nous reviendrons sur le sujet dans le chapitre consacré aux tableaux.

À ne pas négliger : dimensions de l'image et texte de remplacement

Revenons à l'exemple des deux images. Nous avons vu que l'instruction <img src="Nom de l'image" /> suffisait à relier le fichier image. Il est néanmoins préférable de spécifier la largeur et la hauteur de l'image, et de compléter la construction par un texte de remplacement.

INFO

Largeur et hauteur

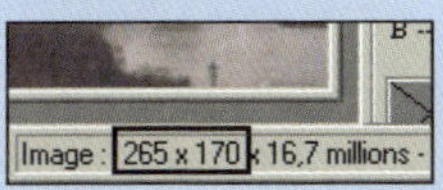

Notez la largeur (width) et la hauteur (height) du fichier image à partir de votre programme graphique. Dans PSP, ces informations sont par exemple affichées dans la barre d'état. Cliquez sur votre image, et lisez les dimensions ainsi que le nombre de couleurs, dans la partie inférieure droite de la fenêtre.

1 L'image n'est encore dotée d'aucun attribut.

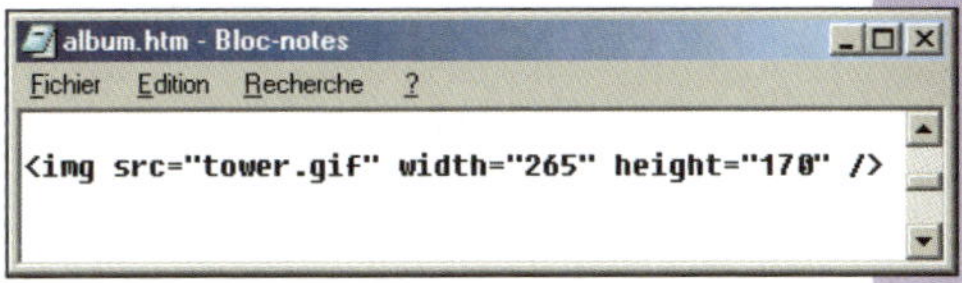

2 Ajoutez les attributs width et height. Saisissez les valeurs correspondantes en pixels.

3 Le texte de remplacement (attribut `alt`) est essentiel dans l'hypothèse où le visiteur a désactivé l'affichage des images par défaut. Saisissez de préférence un texte explicite, pour informer le lecteur du contenu de votre image.

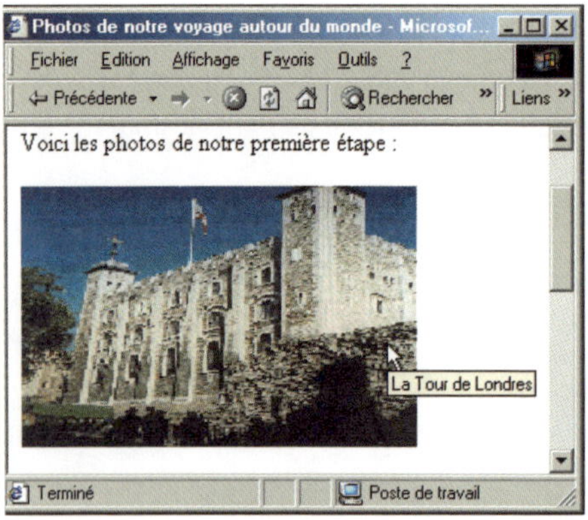

4 Le texte que vous venez de saisir remplit un rôle supplémentaire, et présente un autre avantage. Si la personne qui consulte votre site place le pointeur sur l'image, elle peut lire ce texte sous forme d'info-bulle.

Vous travaillez avec un éditeur de texte source comme Homesite ou 1st Page ? Il vous suffit dans ce cas de faire-glisser l'image de la partie gauche du programme dans votre document HTML. Le programme calcule automatiquement la largeur et la hauteur de l'image, et ajoute ces informations dans votre fichier, en appliquant la syntaxe adéquate.

INFO

Width et height préparent la place de l'image !

Les informations relatives aux dimensions de l'image présentent d'autres avantages. Grâce à `width` et `height`, le navigateur connaît dès le départ la place qu'il doit réserver à l'image, avant même son téléchargement complet. Sans ces indications, la construction de la page s'effectue petit à petit, en fonction de "l'arrivée" des images, et la page n'est vraiment exploitable qu'une fois tous les graphiques lus.

Créer un fond original avec couleurs et images d'arrière-plan

De la couleur pour votre page d'accueil ? Des images d'arrière-plan ? Ces éléments peuvent être facilement ajoutés, grâce aux attributs précisant la balise `<body>`. Ajoutez-les simplement à l'intérieur de la balise. Ci-dessous, une liste des principales options :

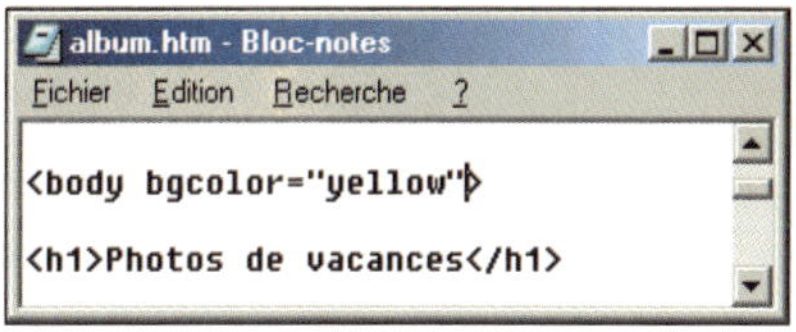

1 L'attribut `bgcolor` dote par exemple votre page d'une couleur d'arrière-plan. La page doit être présentée avec un fond jaune ? Inscrivez dans ce cas l'instruction :

```
<body bgcolor="yellow">
```

2 Résultat : la couleur blanche d'arrière-plan (grise dans les anciens navigateurs) est remplacée par du jaune.

3 Comment intégrer cette fois une image d'arrière-plan ? Ajoutez l'attribut `background` dans la balise `<body>`, de façon à obtenir une commande de type `<body background="Nom de l'image">`. L'image s'appelle *tapis.gif* ? Inscrivez dans ce cas :

```
<body background="tapis.gif">
```

4 L'image est reliée à la page par l'intermédiaire d'un lien. Si elle est plus petite que l'écran, elle sera dupliquée plusieurs fois, pour constituer une mosaïque. Cet effet est souvent employé pour créer des textures spécifiques. Les textures sont composées de petites images placées les unes à côté des autres.

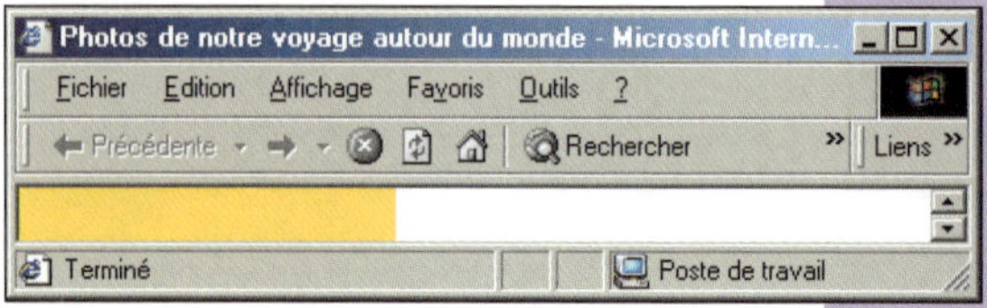

5 Vous avez envie d'un effet de dégradé ? Créez tout simplement une image de deux couleurs, d'une hauteur de quelques pixels seulement. Optez en revanche pour une largeur d'environ 1200 pixels.

6 En raison de sa largeur, l'image ne peut se répéter que vers le bas. Vous obtenez ainsi un arrière-plan bicolore.

Sachez qu'une image intégrée par l'intermédiaire de l'instruction `background="nom de l'image"` remplace obligatoirement la couleur d'arrière-plan !

INFO

Des textures comme modèles d'arrière-plan

Présenter une page avec un effet de gouttes d'eau ou de papier froissé à l'arrière-plan apporterait une touche originale à votre site. La création d'un modèle de ce type s'obtient à l'aide d'une petite image, reproduite en plusieurs exemplaires. On parle dans ce cas de texture, composée d'images de quelques pixels seulement. De nombreux programmes graphiques mettent une liste de textures à votre disposition. Notre exemple est fondé sur une texture de Paint Shop Pro, enregistrée au format GIF, et reliée à la page grâce à l'instruction `<body background="papier froissé.gif">` **(si vous ne trouvez aucune texture locale, n'hésitez pas à piocher dans les bases de données de textures du Web).**

Astuces graphiques pour professionnels

Les programmes performants tels que Paint Shop Pro offrent d'intéressantes options de mise en forme originale de page web. Vous pouvez par exemple encadrer vos images, ou faire en sorte qu'elles se construisent lentement sur la page.

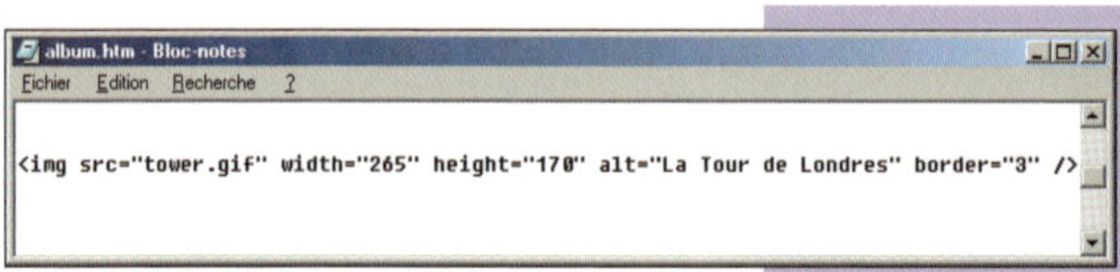

1 Vous souhaitez placer un cadre autour de votre image ? Ajoutez dans ce cas l'attribut border dans la balise <img>. La valeur permet de spécifier l'épaisseur du cadre, dans notre exemple 3 pixels.

2 Comparez avec l'image suivante. La couleur par défaut du cadre est le noir.

3 Avez-vous déjà remarqué que la construction d'images était progressive sur certaines pages ? Elles apparaissent dans un premier temps très floues, puis se clarifient de plus en plus. Pour appliquer cet effet à vos propres images GIF, vous devez les doter de la propriété interlaced (mode entrelacé). Dans le cas d'images JPG, une propriété désignée par l'expression Codage progressif offre le même résultat.

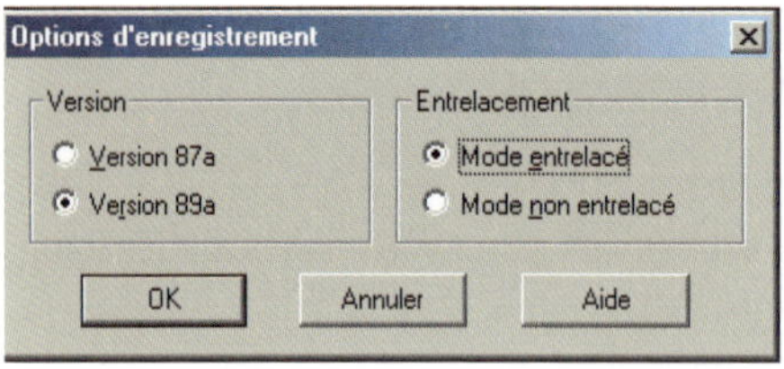

4 Dans Paint Shop Pro, sélectionnez la commande **Fichier/Enregistrer sous**, puis choisissez le type de fichier correspondant. Cliquez ensuite sur le bouton **Options**, pour configurer la propriété. Activez l'option *Mode entrelacé*, puis confirmez par OK.

Animations et bannières

Que diriez-vous d'agrémenter votre site d'animations et de bannières. Rien de plus simple, en employant non pas des codes HTML ou XHTML, mais en appliquant le format GIF déjà connu.

Avec un peu d'entraînement, vous serez rapidement capable de créer une bannière intéressante, ou un petit "film", sans la moindre programmation.

Paint Shop Pro est livré avec un programme d'animation très performant. Animation Shop (intégré dans Paint Shop Pro 5/6/7) vous propose même l'aide d'un assistant, pour vous guider dans la création de bannières. Les brèves explications ci-dessous vous proposent un rapide aperçu du fonctionnement :

1 Activez le programme Animation Shop, via la commande **Démarrer/ Programmes/Paint Shop Pro 6/ Animation Shop 2**.

2 Sélectionnez la commande **Fichier/ Assistant de bannière**.

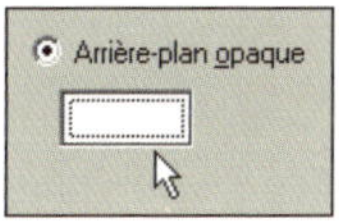

3 Choisissez l'arrière-plan dans la boîte de dialogue suivante. Vous pouvez opter pour un arrière-plan transparent ou opaque. Dans ce dernier choix, cliquez sur le champ de couleur, pour déterminer celle qui vous convient. Cliquez sur le bouton **Suivant**.

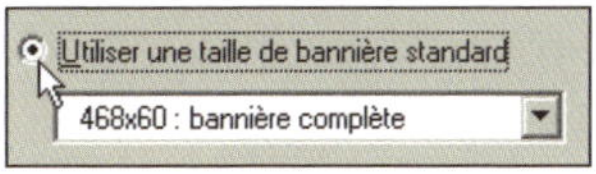

4 Déterminez dans les étapes suivantes la taille de la bannière, ainsi que la durée d'affichage de chaque image. Cliquez sur le bouton **Suivant** pour poursuivre. Saisissez enfin votre texte dans la zone prévue à cet effet. Pour modifier la taille et le type de caractères, cliquez sur le bouton **Police**.

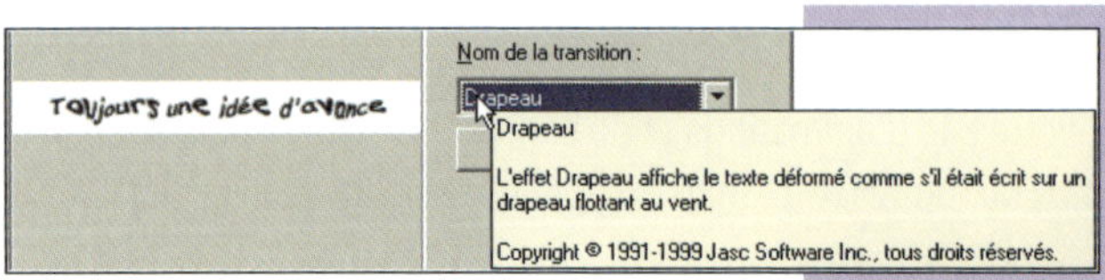

5 L'assistant vous invite ensuite à sélectionner un effet applicable au texte. Choisissez l'effet de votre choix, dans la liste déroulante, et appréciez le résultat dans la fenêtre d'aperçu.

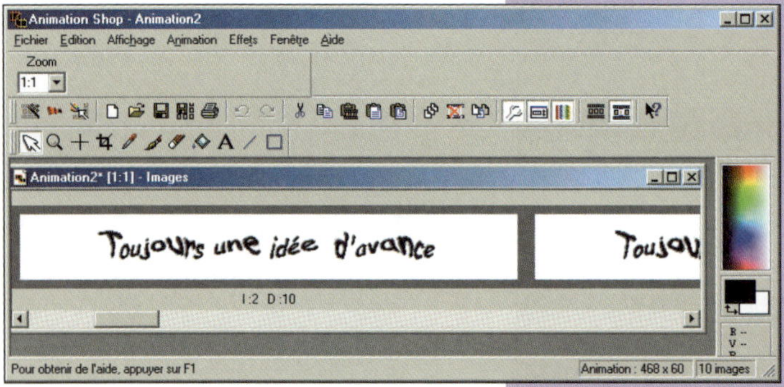

6 Pour valider toutes ces configurations, cliquez sur le bouton **Terminer**. Votre animation est alors présentée dans la fenêtre du programme, sous la forme d'une bande de film. Vous constatez que la bannière est composée de plusieurs images.

7 Vous souhaitez avoir un aperçu de votre travail ? Cliquez sur le bouton **Afficher l'animation**. Si vous êtes satisfait du résultat, sauvegardez le fichier. L'animation est enregistrée au format GIF adéquat, et sous la forme d'un seul fichier d'animation.

Si vous avez un peu de temps, testez les différentes animations proposées par Animation Shop. Certaines options donnent des résultats vraiment originaux.

Liens hypertextes internes et externes

Les liens hypertextes constituent l'un des fondements du Web. Si vous avez l'habitude de consulter des pages Internet, vous appréciez de pouvoir passer rapidement d'une page à une autre, sans avoir à taper d'adresse. Vous allez à votre tour créer des liens internes et externes, vers des images, des groupes de discussion et des fichiers. Nous étudierons ensuite la composition des images interactives.

Mais, pas de pratique sans théorie ! L'objectif de cette partie est de vous conseiller sur la façon de planifier l'élaboration de votre page d'accueil, phase essentielle pour une "publication en ligne" réussie.

Un planning s'impose : la structure est essentielle

Le projet que vous envisagez d'élaborer est ambitieux ? Avant de vous lancer, nous vous recommandons la lecture de ces quelques conseils. Pensez à organiser votre travail, pour mettre toutes les chances de votre côté.

Dans notre exemple, il est question d'une page d'accueil, sur laquelle l'auteur parle de ses loisirs et de sa passion : l'informatique. Mais comment pourrions-nous définir ce qu'est une page d'accueil ?

INFO

Page d'accueil et site web

Dans un sens large, la page d'accueil est considérée comme l'intégralité d'une publication en ligne. On désigne alors par cette dénomination un site complet sur le Web. Dans un sens plus strict, la page d'accueil se limite à la page de démarrage de votre publication, la couverture ou le sommaire en quelque sorte. Cette page est souvent désignée par le terme "Homepage". En règle générale, votre site ne sera pas composé d'une seule page, mais d'une combinaison de documents HTML. Pour une publication complète, les spécialistes préfèrent parler de "site Web".

Avant de débuter la construction de votre site, tenez compte des remarques suivantes :

1 Une bonne organisation de votre travail est essentielle. À l'aide d'un simple crayon de papier, esquissez sur une feuille la structure de votre site. Pour simplifier cette première opération, nous nous sommes appuyés sur trois documents.

2 Créez dans un premier temps la page de démarrage, soit la page d'accueil. Attribuez-lui le nom `index.htm` ou `index.html` (ou adressez-vous à votre service d'hébergement !). C'est souvent une règle fondamentale.

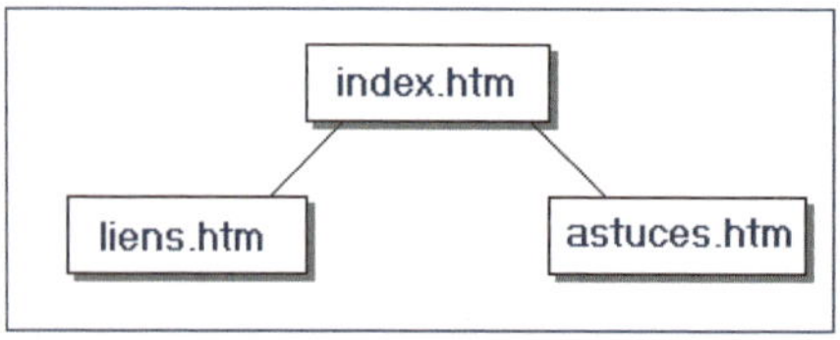

3 Dotez les autres pages du nom de votre choix. Optez de préférence pour des noms assez courts, et inscrits en lettres minuscules. Sur la deuxième page, vous proposerez aux lecteurs une liste de liens, et sur la troisième des astuces. Dans notre exemple, les pages sont désignées par `index.htm`, `liens.htm` et `astuces.htm`.

Le nombre limité de pages de cet exemple rend certes la planification presque superflue. Mais pour des projets plus vastes, suivre ce principe vous fera gagner du temps, et vous évitera de perdre le fil.

INFO

Noms de fichiers sans espace

Dans les noms de fichiers et de dossiers, renoncez aux espaces et aux caractères spéciaux. Utilisez le cas échéant l'espace souligné (_). Nous vous conseillons l'emploi de minuscules ; mais, si vous tenez aux lettres majuscules, n'oubliez pas de les transcrire telles quelles dans les liens.

Liens hypertextes locaux

Le travail préparatoire étant achevé, nous allons pouvoir créer les trois pages de l'exemple, et les enregistrer dans un même dossier. L'objectif sera ensuite de les relier entre elles par le biais de liens.

Créer les pages

Après la création des pages, il est nécessaire de réfléchir à la manière dont elles doivent être reliées entre elles. Vous concrétiserez ensuite cet objectif grâce aux liens hypertextes.

index.htm - Bloc-notes

Fichier Edition Recherche ?

```
<html>
<head>
 <title>Un site consacré à Word</title>
</head>

<body>

<h1>La page d'accueil</h1>

<p>Vous trouverez sur ce site des astuces, des
conseils et des liens intéressants sur le thème de
Word.</p>

</body>
</html>
```

1 La page de démarrage *index.htm* peut être composée sur le modèle suivant. Rédigez le texte source, puis enregistrez le document sous le nom choisi.

liens.htm - Bloc-notes

Fichier Edition Recherche ?

```
<html>
<head>
 <title>Liens sur Word</title>
</head>

<body>

<h1>Liens intéressants sur Word</h1>


</body>
</html>
```

2 La page *liens.htm* de notre site exemple se compose comme suit. Le document est enregistré dans le même dossier que le fichier *index.htm*.

3 Vous pouvez vous inspirer de notre exemple pour construire votre document *astuces.htm*. Nous avons opté pour le titre *Astuces et conseils*, placé entre les balises `<title>` `</title>`. Le titre `H1` résume le sujet abordé : *Astuces et conseils sur Word*.

4 Les trois pages sont construites ? Il s'agit à présent de les relier. La figure suivante vous présente un schéma de la construction générale. Les flèches mettent en évidence les relations.

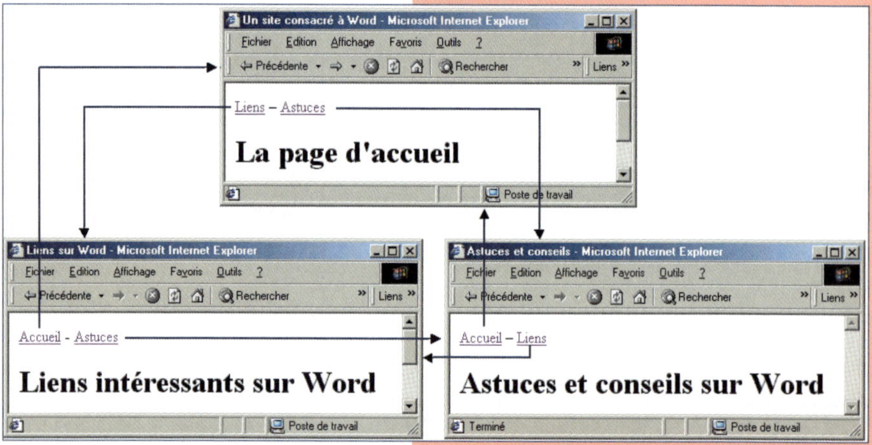

5 Les liens hypertextes sont placés de préférence en haut de la page, directement sous la balise <body>.

Placer les liens hypertextes

Comment ajouter à présent les liens hypertextes sur votre document ? Il vous suffit tout simplement d'utiliser la balise d'ancrage `<a>`, et de l'associer à l'attribut `href`. Voici le schéma de la syntaxe :

```
<a href="Nom de fichier">Description du lien</a>
```

À l'expression `Nom de fichier`, doit bien sûr se substituer le nom exact de la cible. Dans notre exemple, nous inscrirons `index.htm`, `liens.htm` ou `astuces.htm`.

Reprenons la syntaxe étape par étape :

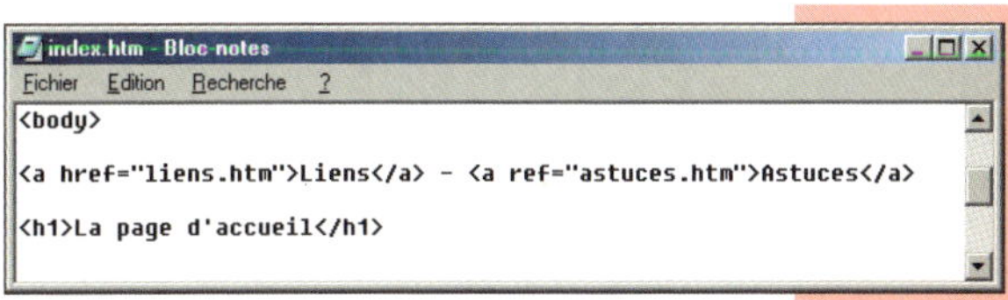

1 Sur la page de démarrage (*index.htm*), complétez le texte source par la ligne suivante. Saisissez-la directement après la balise <body>, mais avant le titre. Comparez avec la figure !

```
<a href="liens.htm">Liens</a> -
 <a href="astuces.htm">Astuces↵
</a>
```

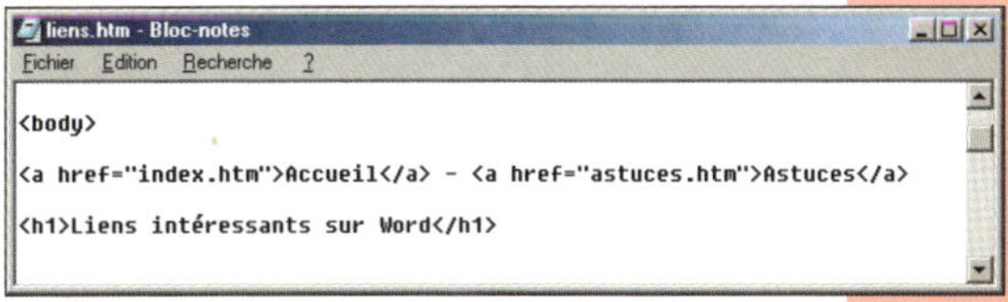

2 Inscrivez la ligne suivante dans le document *liens.htm*. La position est la même que dans le fichier *index.htm*.

```
<a href="index.htm">Accueil
</a> - <a href="astuces.htm">
Astuces</a>
```

3 Le fichier *astuces.htm* doit quant à lui être complété par le lien suivant :

```
<a href="index.htm">Accueil</a> -
 <a href="liens.htm">Liens</a>
```

Testez les liens présents sur vos pages. Si la construction est correcte, vous pouvez passer facilement d'une page à l'autre. Elles sont reliées par les liens hypertextes.

La page est enregistrée dans un sous-dossier

Dans notre exemple, la construction est simple, puisque tous les fichiers sont enregistrés dans un même dossier. Mais l'emploi de liens renvoyant vers des pages disponibles dans des sous-dossiers est également possible.

Créer des sous-dossiers dans le cadre de projets importants, regroupant des centaines de fichiers, est très judicieux, et permet une gestion plus aisée des documents.

1 Vérifiez dans un premier temps si votre prestataire autorise la création de sous-dossiers. Dans certains cas, cette construction est impossible.

2 Comment rédiger un lien vers la page *liens.htm*, enregistrée dans le dossier liens, et un lien vers la page *astuces.html* du dossier astuces. La page de démarrage *index.html* se trouve dans le dossier supérieur.

3 Les liens sur la page *index.htm* se présentent comme suit. Ils renvoient au dossier, puis au nom de fichier :

```
<a href="liens/
liens.htm">Liens</a> -
 <a href="astuces/astu-
ces.htm">Astuces</a>
```

4 À la différence du système de fichiers Windows, vous travaillez avec un slash (/). Veillez donc à ne pas spécifier le chemin d'accès avec le signe \ !

5 Les liens dans le fichier *liens.htm* sont désignés ainsi :

```
<a href="../
index.htm">Accueil</a> -
 <a href="../astuces/↵
astuces.htm">Astuces</a>
```

6 Les deux points désignent le niveau de dossier supérieur. Le fichier *index.htm* est en effet disponible dans le dossier supérieur, par rapport au fichier *liens.htm*. Il s'agit à cet égard de liens relatifs. Pour désigner le fichier des astuces, il est nécessaire de passer par le niveau de dossier supérieur, avec les deux points, puis de redescendre dans l'arborescence en désignant le dossier adéquat.

7 Les liens dans le fichier *astuces.htm* sont construits sur ce modèle :

```
<a href="../
index.htm">Accueil</a> -
 <a href="../liens/
liens.htm">Liens</a>
```

INFO

Les liens hypertextes absolus ne sont pas autorisés

Ne définissez jamais de liens hypertextes absolus, de type *C:\Mes documents\page d'accueil\Index.htm* ! Vous ne savez pas sous quel chemin d'accès votre fichier sera enregistré sur le serveur d'hébergement. C'est la raison pour laquelle vous devez travailler avec des liens relatifs.

Un tremplin sur le Web : liens hypertextes externes

Revenons à la construction de notre projet, sur lequel vous devez encore placer des liens hypertextes externes. Le principe est exactement le même que celui détaillé pour le type de lien précédent.

1 Vous allez cette fois inscrire l'adresse web complète du fichier (l'URL - Uniform Resource Locator). La structure de l'information est la suivante :

```
<a href="URL">↵
Description du lien</a>
```

2 Ouvrez la page *liens.htm*, destinée à accueillir les différents liens. Pourquoi ne pas renvoyer le lecteur vers le site de Microsoft (http://www.microsoft.fr), et vers celui de Micro Application (http://www.microapp.com), proposant une liste d'ouvrages sur Word. Inscrivez les lignes suivantes :

```
<a href=↵
"http://www.microsoft.fr">
Informations sur Word</a>
<a href="http://
www.microapp.com">Un peu de
lecture sur Word</a>
```

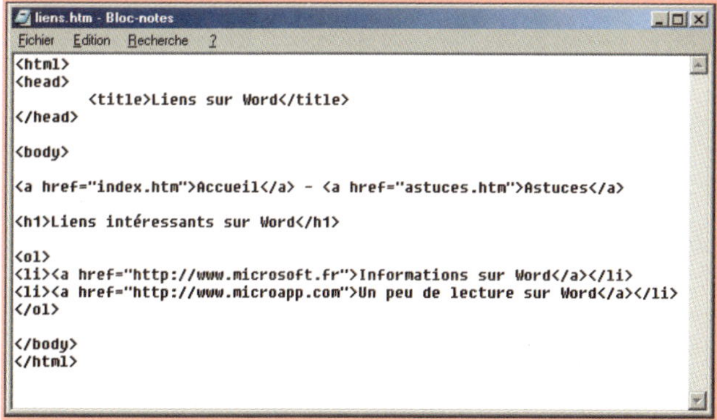
liens.htm - Bloc-notes
Fichier Edition Recherche ?

```
<html>
<head>
        <title>Liens sur Word</title>
</head>

<body>

<a href="index.htm">Accueil</a> - <a href="astuces.htm">Astuces</a>

<h1>Liens intéressants sur Word</h1>

<ol>
<li><a href="http://www.microsoft.fr">Informations sur Word</a></li>
<li><a href="http://www.microapp.com">Un peu de lecture sur Word</a></li>
</ol>

</body>
</html>
```

3 Pour améliorer la présentation de ces liens, nous les avons placés dans une liste numérotée (`<ol></ol>`). La figure reprend le texte source du document *liens.htm*.

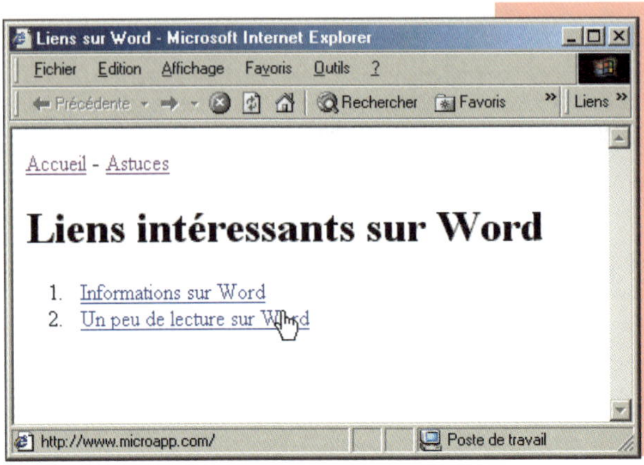

4 Voilà le résultat dans la fenêtre du navigateur. Les liens déjà consultés sont en violet, alors que ceux qui ne l'ont pas encore été sont en bleu. Vous identifiez les liens à leur soulignement.

Liens vers des fichiers et des forums de discussion

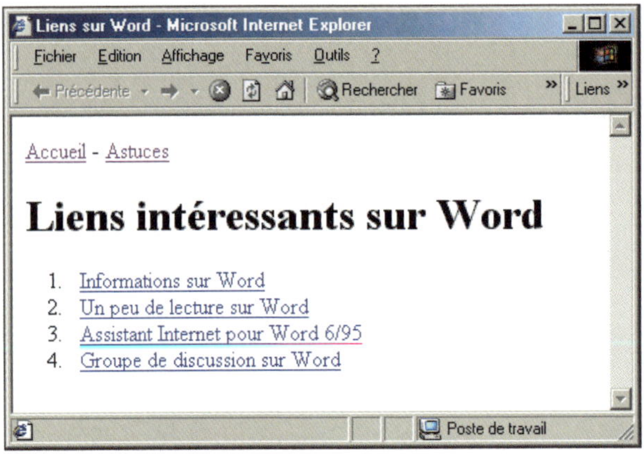

Vous souhaitez ajouter un lien vers un fichier précis, ou vers un forum de discussion ? L'objectif sera rapidement atteint grâce à l'ajout de quelques instructions supplémentaires, sur la page des liens. La page en question est présentée ci-contre.

INFO

Les forums de discussion sur Internet

Vous ne savez peut-être pas encore ce qui se cache derrière l'expression "forum de discussion" ? On peut considérer ces forums comme des "lieux de rencontres", où chacun peut émettre son avis sur le sujet de son choix, ou trouver des réponses à ses interrogations. Vous rencontrez un problème avec Word ? Posez votre question dans le forum de discussion consacré à Word et ce, par le biais d'un e-mail. Vous avez besoin de ce que l'on appelle un Newsreader, Outlook Express par exemple, programme fourni avec Windows.

Lien vers un fichier

Vous voulez orienter le lecteur de votre site vers un fichier enregistré sur un serveur FTP ? Le fichier en question est disponible sur votre propre page d'accueil ?

1 Le principe du lien, même vers un fichier, suit toujours la même logique, à un détail près. Saisissez l'instruction selon le modèle suivant :

```
<a href="Chemin vers le
fichier sur le serveur FTP">
Description du lien</a>
```

2 Prenons l'exemple du fichier *wordia.exe*, disponible sur le serveur FTP de Microsoft. Le chemin d'accès complet est ftp://ftp.microsoft.com/deskapps/word/winword-public/ia/wordia.exe. Inscrivez simplement :

```
<a href="ftp://ftp.↵
microsoft.com/deskapps/word/
winword-public/ia/
wordia.exe">Assistant
Internet pour Word 6/95</a>
```

3 En adoptant cette même structure, vous pouvez faire référence à un fichier enregistré sur votre propre serveur. Ajoutez le nom du fichier (ou le chemin d'accès) dans le document :

```
<a href="word.zip">
Informations sur Word</a>
```

Lien vers un forum de discussion

Comment faire référence sur votre page à un groupe de discussion ? Le principe est le même.

1 Notre exemple est fondé sur un groupe du serveur de news news://msnews.microsoft.com ! Dirigez vos lecteurs vers le groupe microsoft.public.fr.word, grâce au lien hypertexte :

```
<a href="news://msnews.microsoft.com/microsoft.public.fr.word">
Groupe de discussion sur Word</a>
```

2 La figure reprend les quatre liens hypertextes, présentés sur le document sous la forme d'une liste numérotée.

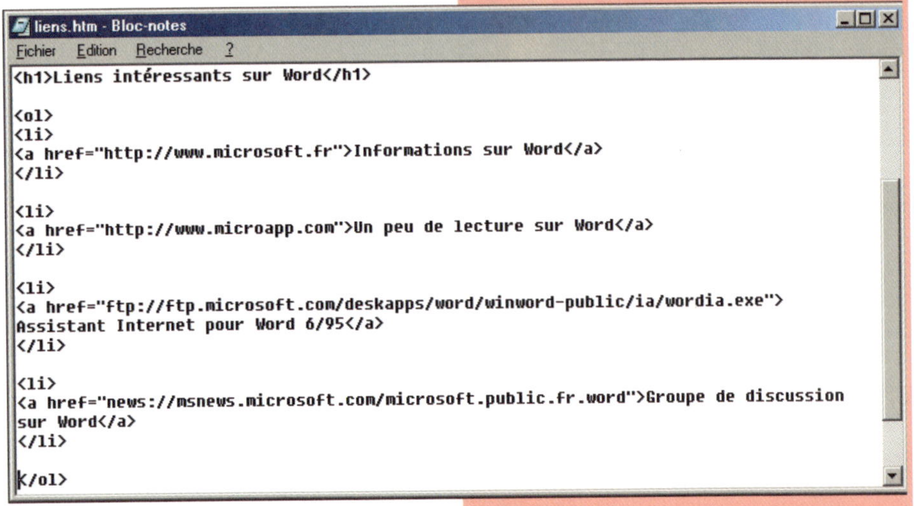

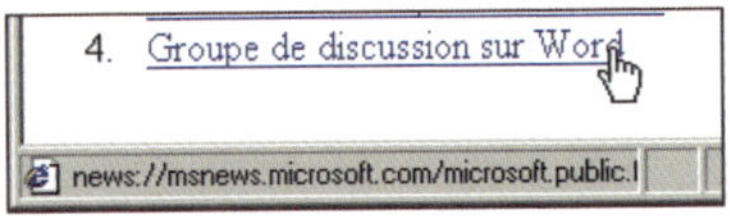

3 Dès que vous laissez s'attarder quelques instants le pointeur sur le lien, l'adresse complète apparaît dans la barre d'état.

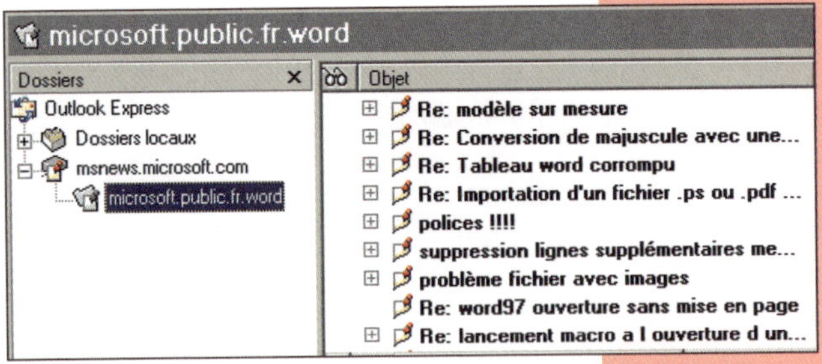

4 Si la personne consultant votre site a déjà installé un newsreader, un clic sur le lien suffira pour accéder directement au groupe choisi.

Feedback s'il vous plaît : le lien e-mail

Vous aimeriez que les visiteurs de votre site vous donnent leur avis par le biais d'un message ? Si tel est le cas, placez un lien e-mail sur votre document.

1 La syntaxe est une fois de plus très simple :

```
<a href="mailto:Adresse e-mail">Message</a>
```

2 Remplacez bien sûr `Adresse e-mail` par votre propre adresse, dans ce lien e-mail :

```
<a href="mailto:x.html@microapp.com">Message</a>
```

3 Dès que le lecteur clique sur le lien, il accède directement à une fenêtre de courrier de sa messagerie. Le petit plus : l'adresse du destinataire (la vôtre en l'occurrence) s'y inscrit automatiquement.

4 Le lecteur de votre site doit néanmoins disposer d'un programme de messagerie correctement installé, et configuré sur son ordinateur. Si tel n'est pas le cas, le lien ne pourra pas fonctionner.

5 Une petite astuce supplémentaire vous permet même "d'inscrire" l'objet du message dans le formulaire de courrier. Saisissez l'instruction suivante :

```
<a href="mailto:Adresse e-mail?subject=Objet">Message</a>
```

6 Dans notre exemple, la ligne complétée est :

```
<a href="mailto:x.html@microapp.com?subject=Commentaire
sur la page">Commentaire sur la page </a>
```

7 Le texte saisi après `subject=` sera repris comme objet, dans le formulaire e-mail.

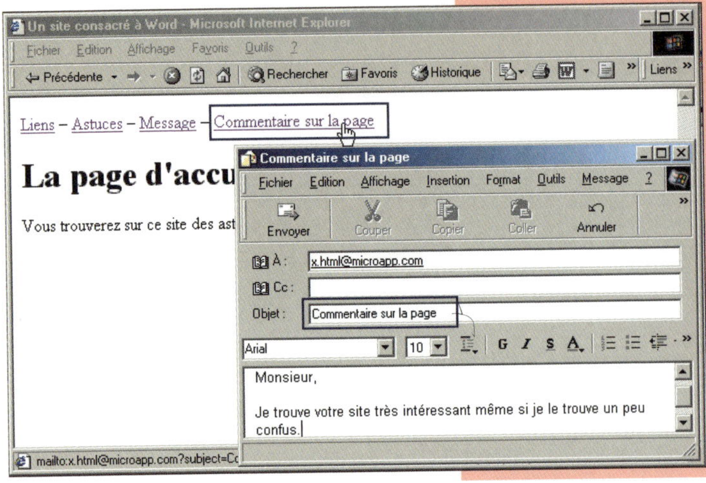

Quand les images cachent des liens hypertextes

Comme nous allons le voir, toute image présente sur un document HTML peut cacher un lien hypertexte. L'exemple exploite l'image *aide.gif*, dotée de la légende Aide.

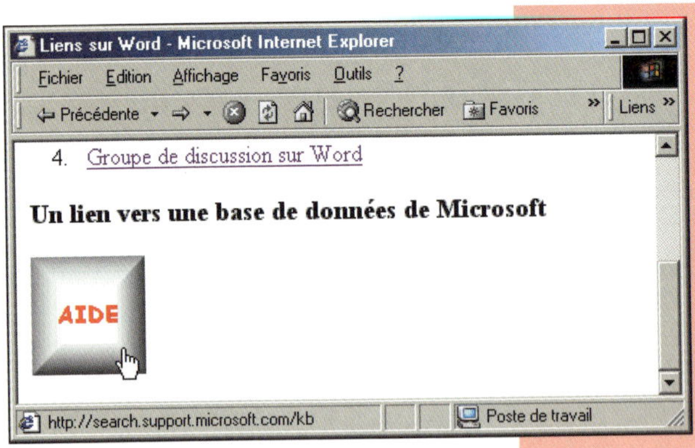

1 Un lien graphique est idéal, dans le cadre de la création de boutons par exemple. Un clic sur le bouton permet d'accéder directement à la cible désignée.

2 Le texte source permettant d'intégrer le lien graphique est le suivant :

```
<a href="http://search.support. microsoft.com/kb">
<img src="aide.gif" width="80" height="80" /></a>
```

3 Puisqu'il s'agit d'un lien hypertexte, l'image est dotée par défaut d'une bordure. Si vous souhaitez la désactiver, complétez la ligne par l'instruction `border="0"`. Ajoutez la légende du lien, grâce à un texte de remplacement.

```
<a href="http://search.support.microsoft.com/kb">
<img src="aide.gif" width="80" height="80" border="0"
alt="Base de données sur tous  les thèmes de Microsoft" /></a>
```

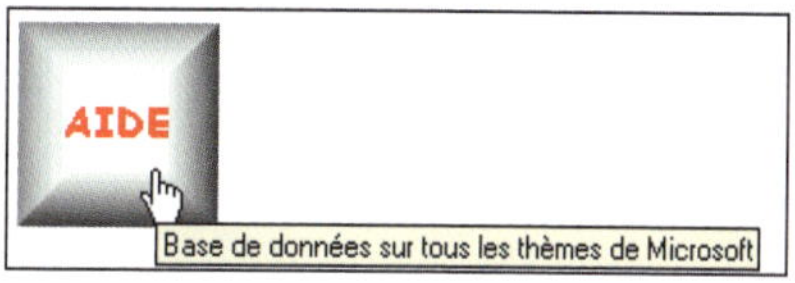

4 Le bouton remplit à présent une fonction bien précise.

En suivant ce principe, vous pouvez transformer la plupart des images en un bouton. Pourquoi ne pas remplacer par exemple le mot *Accueil* par le dessin d'une petite maison, ou le lien vers la page suivante par une flèche ? Laissez libre cours à votre imagination.

Liens hypertextes internes

Nous allons aborder dans cette partie le dernier groupe de liens, les liens internes ou locaux. Si votre page est très riche en informations, ce type de liens vous permettra de guider le lecteur vers différents passages précis, au sein du document. La construction de ces liens est fondée sur l'emploi d'ancres.

Préparer la liste des astuces et conseils

Pour vous exposer le fonctionnement des liens internes, nous allons utiliser la page *astuces.htm*, regroupant des astuces et des conseils sur Word. Prenez le temps de saisir le contenu du document :

1 Voici le texte source du document complet, sur lequel se fondent nos explications :

```
<html>
<meta http-equiv="Content-Type" content="text/html; ↵
charset=ISO-8559-1" />
<head>
<title>Astuces et conseils</title>
</head>
<body>
<a href="index.htm">Accueil</a> - <a href="liens.htm">Liens</a></a>
<h1>Astuces et conseils sur Word</h1>
<p>Quelle astuce souhaitez-vous connaître ?</p>
<hr />
<h3>Supprimer un tableau</h3>
<p>La suppression d'un tableau n'est pas toujours simple. L'astuce :
 sélectionnez le tableau en incluant la marque du paragraphe
suivant. Appuyez ensuite sur la touche <kbd>Suppr</kbd>
de votre clavier !</p>
<hr />
<h3>Tabulations dans les tableaux</h3>
<p>Maintenez la touche <kbd>Ctrl</kbd> enfoncée. Vous pouvez ainsi
utiliser des tabulations dans les tableaux. </p>
<hr />
<h3>Caractères gras</h3>
<p>La combinaison de touches <kbd>Ctrl + Maj + F</kbd> permet
d'appliquer l'attribut gras à un mot.</p>
<hr />
<h3>Supprimer les formats de caractères (gras, italique, etc.)</h3>
<p>Cliquez sur le mot. Appuyez ensuite sur les touches
<kbd>Ctrl + Espace</kbd>. Vous supprimez ainsi les formats de
caractères du mot. </p>
</body>
</html>
```

2 Plus le nombre d'astuces est élevé, plus vos lecteurs auront des difficultés à les lire. Le recours à des barres de défilement sera nécessaire pour consulter le bas du document. La présence d'un sommaire en haut de la page simplifierait la navigation. Chaque entrée permettrait d'accéder rapidement au passage souhaité. Un lien vers le haut du document, placé devant chaque paragraphe, rendrait la consultation de la page encore plus conviviale.

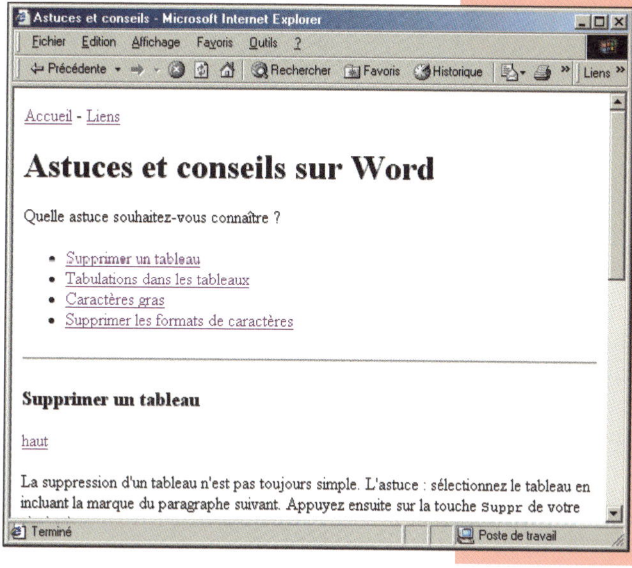

3 La figure représente la dernière version de notre document exemple.

La première étape consiste à définir des ancres locales.

Définir les ancres

Pour définir une ancre, vous devez utiliser la balise `<a>`.

1 L'attribut `name` vous permet de spécifier le nom de votre choix.

2 Pour la version HTML 4, ces indications seraient suffisantes. En XHTML, l'attribut `id` vient compléter le tout. Ajoutez `name` et `id` dans la balise de l'ancre, et attribuez la même valeur aux deux attributs, comme le montre l'exemple :

```
<a name="haut" id="haut">...</a>
```

3 Le nom attribué à l'ancre ne doit pas avoir de doublon au sein du même document, et ne doit comporter aucun espace. Pour ces valeurs, nous vous recommandons l'emploi de minuscules.

4 Les noms d'ancres choisis pour notre document sont : `haut`, `tableausup`, `tableautab`, `motgras` et `formatreset`.

5 Ces ancres invisibles ont été ajoutées dans le document :

```
<html>
<meta http-equiv="Content-Type" content="text/html;
charset=ISO-8559-1" />
<head>
<title>Astuces et conseils</title>
</head>
<body>
<a name="haut" id="haut"><a href="index.htm">Accueil</a> -
 <a href="liens.htm">Liens</a></a>
<h1>Astuces et conseils sur Word</h1>
<p>Quelle astuce souhaitez-vous connaître ?</p>
<hr />
<a name="tableausup" id="tableausup"><h3>Supprimer un tableau</h3>
</a>
<p>La suppression d'un tableau n'est pas toujours simple. L'astuce :
 sélectionnez le tableau en incluant la marque du paragraphe
suivant. Appuyez ensuite sur la touche <kbd>Suppr</kbd> de votre
clavier !</p>
<hr />
<a name="tableautab" id="tableautab"><h3>Tabulations dans les
tableaux</h3></a>
<p>Maintenez la touche <kbd>Ctrl</kbd> enfoncée. Vous pouvez ainsi
utiliser des tabulations dans les tableaux. </p>
<hr />
<a name="motgras" id="motgras"><h3>Caractères gras</h3></a>
<p>La combinaison de touches <kbd>Ctrl + Maj + F</kbd> permet
d'appliquer l'attribut gras à un mot.</p>
<hr />
<a name="formatreset" id="formatreset"><h3>Supprimer les formats
de caractères (gras, italique, etc.)</h3></a>
<p>Cliquez sur le mot. Appuyez ensuite sur les touches
<kbd>Ctrl + Espace</kbd>. Vous supprimez ainsi les formats de
caractères du mot. </p>
</body>
</html>
```

6 Il n'est pas indispensable que l'ancre englobe un autre élément. Une construction de ce type est tout à fait envisageable :

```
<a name="haut" id="haut"></a>
```

L'instruction `id` est un code explicite, et chaque ancre doit être dotée d'un nom qui lui est propre.

Associer un lien à une ancre

Il vous reste à ajouter sur le document un lien vers ces ancres locales, en employant l'attribut `href`, abréviation de hyper reference.
N'oubliez pas de renvoyer également vers l'ancre `haut`, à partir de différents emplacements du document. L'internaute pourra ainsi rapidement revenir au début de votre page, et accéder au sommaire.

1 L'instruction d'un lien désignant une ancre se compose comme suit :

```
<a href="#ancre1">Description
du lien</a>
```

2 Le signe dièse permet de spécifier que la cible est une ancre locale. Remplacez l'instruction `ancre1` par les noms de vos propres cibles : `haut`, `tableausup`, etc.

3 Étudions le texte source final. Le sommaire est présenté dans une liste à puces (`<ul></ul>`).

```
<html>
<meta http-equiv="Content-Type" content="text/html; ↵
charset=ISO-8559-1" />
<head>
<title>Astuces et conseils</title>
</head>
<body>
<a name="haut" id="haut"><a href="index.htm">Accueil↵
</a> - <a href="liens.htm">Liens</a></a>
<h1>Astuces et conseils sur Word</h1>
<p>Quelle astuce souhaitez-vous connaître ?</p>
<ul>
<li><a href="#tableausup">Supprimer un tableau</a></li>
<li><a href="#tableautab">Tabulations dans les tableaux</a></li>
<li><a href="#motgras">Caractères gras</a></li>
<li><a href="#formatreset">Supprimer les formats de caractères↵
</a></li>
</ul>
<hr />
```

```
<a name="tableausup" id="tableausup"><h3>Supprimer un tableau↵
</h3></a>
<a href="#haut">haut</a>
<p>La suppression d'un tableau n'est pas toujours simple. L'astuce :
 sélectionnez le tableau en incluant la marque du paragraphe ↵
suivant. Appuyez ensuite sur la touche <kbd>Suppr↵
</kbd> de votre clavier !</p>
<hr />
<a name="tableautab" id="tableautab"><h3>Tabula-
tions dans les tableaux</h3></a>
<a href="#haut">haut</a>
<p>Maintenez la touche <kbd>Ctrl</kbd> enfoncée. Vous ↵
pouvez ainsi utiliser des tabulations dans les tableaux. </p>
<hr />
<a name="motgras" id="motgras"><h3>Caractères gras</h3></a>
<a href="#haut">haut</a>
<p>La combinaison de touches <kbd>Ctrl + Maj + F</kbd> ↵
permet d'appliquer l'attribut gras à un mot.</p>
<hr />
<a name="formatreset" id="formatreset"><h3>Supprimer les ↵
formats de caractères (gras, italique, etc.)</h3></a>
<a href="#haut">haut</a>
<p>Cliquez sur le mot. Appuyez ensuite sur les ↵
touches <kbd>Ctrl + Espace</kbd>. Vous supprimez ainsi les ↵
formats de caractères du mot. </p>
</body>
</html>
```

Hot spots : composer une image interactive

Vous avez sans doute déjà entendu parler d'images interactives (imagemaps en anglais). Certains points de l'image sont sensibles à la souris, et peuvent cacher un lien.

La création manuelle d'images interactives s'avère assez fastidieuse. C'est la raison pour laquelle nous allons avoir recours au programme MapMaker, diffusé en version freeware. Vous pouvez le télécharger à l'adresse http://www.hemisphere.tm.fr/freeware95/htmltools5.html.

1 Comme le montre l'image, l'objectif est de rendre "interactives" certaines villes de la carte. Un clic sur une localité aura pour effet de guider l'internaute jusqu'à la page correspondante. La carte est une image au format *GIF*.

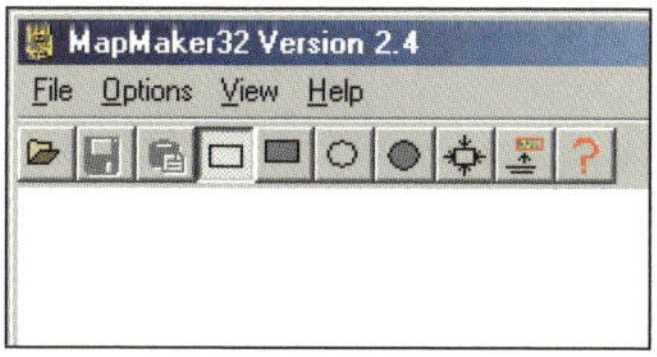

2 Lancez le programme MapMaker32, dans le menu **Démarrer/Programmes**. Cliquez sur le bouton **Open an Image File**, pour ouvrir l'image qui nous servira de base.

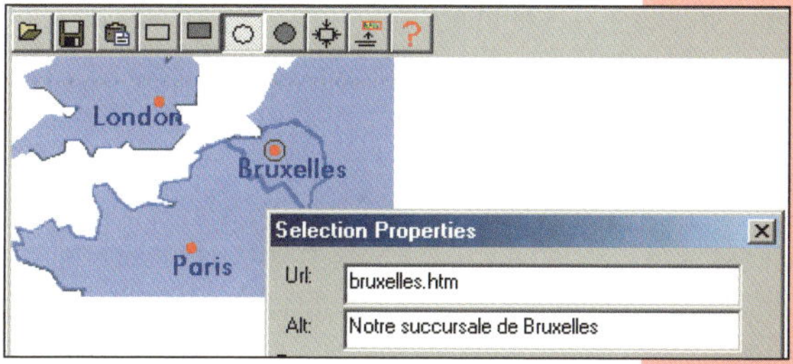

3 Sélectionnez ensuite l'outil de dessin. Le rectangle est la figure employée par défaut, pour circonscrire les zones interactives. Dans notre exemple, le cercle est cependant plus adapté. Tracez un cercle autour de la première zone interactive, tout en maintenant le bouton gauche de la souris appuyé. Double-cliquez ensuite sur cette zone sensible, puis saisissez l'URL, ainsi que le texte de l'info-bulle. Validez en cliquant sur OK.

4 Sélectionnez ensuite la commande **File/Save HTML/To Clipboard**. Le texte source est temporairement placé dans le Presse-papiers.

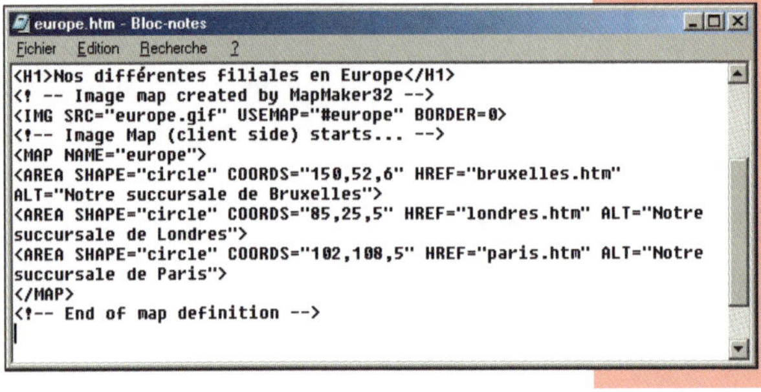

5 Ouvrez le document HTML d'accueil, et placez le pointeur au futur emplacement de l'image interactive. Collez le contenu du Presse-papiers, grâce à la combinaison de touches Ctrl+V, ou à la commande **Edition/Coller**.

Le programme freeware StarOffice offre un outil de création d'images interactives. Cliquez simplement avec le bouton droit de la souris sur l'image d'origine, puis sélectionnez la commande **Image Map**, dans le menu contextuel. Un petit éditeur d'images interactives apparaît à l'écran. Son utilisation est aussi simple que celle décrite pour MapMaker.

Astuces relatives aux liens hypertextes

Difficile d'épuiser les nombreuses variantes et facettes des liens hypertextes. Nous allons étudier ci-dessous comment ouvrir une fenêtre supplémentaire de navigateur, personnaliser la couleur les liens ou encore doter les liens d'info-bulles.

Ces divers effets sont obtenus grâce à de simples instructions.

1 Lorsque l'internaute clique sur un lien hypertexte, la page demandée s'affiche habituellement dans la même fenêtre de navigateur. Dans le cas de liens externes, cette solution est loin d'être idéale. Comme nous allons le voir, votre propre page peut rester affichée à l'arrière-plan.

2 Complétez la balise <a> par l'attribut `target`, auquel vous appliquez la valeur `_blank`. La syntaxe est la suivante :

```
<a href="www.adresseweb.com" target="_blank">Désignation</a>
```

3 Votre page reste affichée à l'arrière-plan, tandis qu'une nouvelle fenêtre du navigateur accueille la cible du lien.

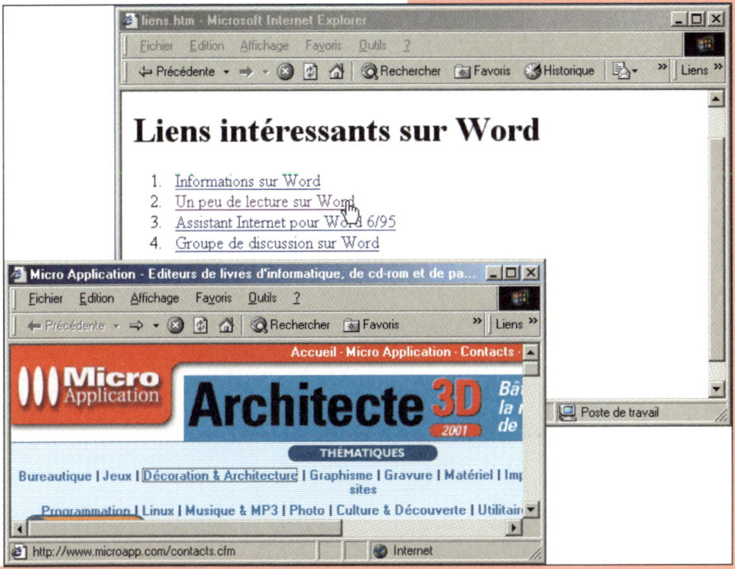

4 Vous avez la possibilité de modifier les couleurs des liens si le bleu et le violet ne vous conviennent plus. Définissez alors vos propres couleurs, en ajoutant des attributs complémentaires dans la balise <body> :

- `link`, définit la couleur du lien (le bleu par défaut) ;
- `vlink`, spécifie la couleur d'un lien visité (violet par défaut) ;
- `alink`, correspond à la couleur du lien activé (au moment du clic).

5 Les noms de couleurs peuvent servir de valeurs d'attributs. Mais à chacune de ces couleurs est associée une valeur hexadécimale, comme le montre le tableau ci-dessous. Il répertorie les 16 noms des couleurs les plus courantes. Des programmes comme Paint Shop Pro dévoilent les valeurs hexadécimales des 16,7 millions de couleurs.

Valeurs hexadécimales des couleurs		
Nom anglais	**Nom français**	**Valeur hexadécimale**
black	noir	#000000
silver	argent	#C0C0C0
gray	gris	#808080
white	blanc	#FFFFFF
maroon	marron	#800000
red	rouge	#FF0000
purple	violet	#800080
fuchsia	fuchsia	#FF00FF
green	vert	#008000
lime	vert clair	#00FF00
olive	vert olive	#808000
yellow	jaune	#FFFF00
navy	bleu marine	#000080
blue	bleu	#0000FF
teal	cyan foncé	#008080
aqua	bleu clair	#00FFFF

6 Dans cet exemple, le lien normal et le lien activé seront affichés en vert, le lien visité en rouge.

```
<body link="green" vlink="red"
  alink="green">
```

7 Nous avons vu que vous aviez la possibilité d'accompagner un lien-image d'une info-bulle jaune, à l'aide de l'attribut `alt`. Cette configuration est possible avec des liens courants. L'attribut correspondant est `title`.

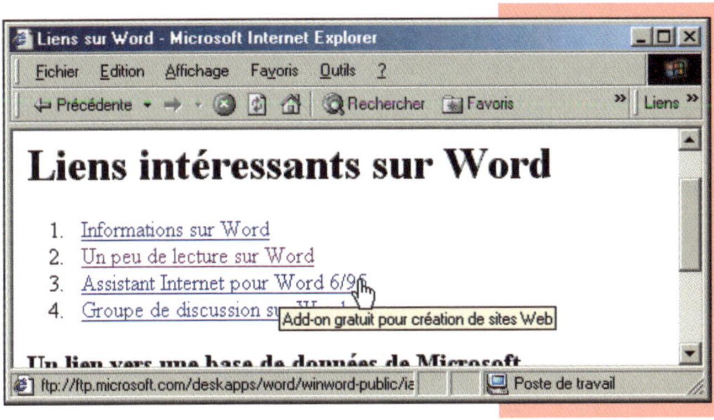

8 La valeur de cet attribut correspond au texte de description. La syntaxe est la suivante :

```
<a href="www.adresseweb.com" title="Texte de l'info-bulle">
Description</a>
```

9 Remplacez `Texte de l'info-bulle` par la légende de votre choix. Malheureusement, Internet Explorer est le seul navigateur actuellement capable de gérer cet attribut (à partir de la version 4).

La figure suivante représente le texte source de la liste des liens hypertextes, complétés par les attributs `title` et `target`.

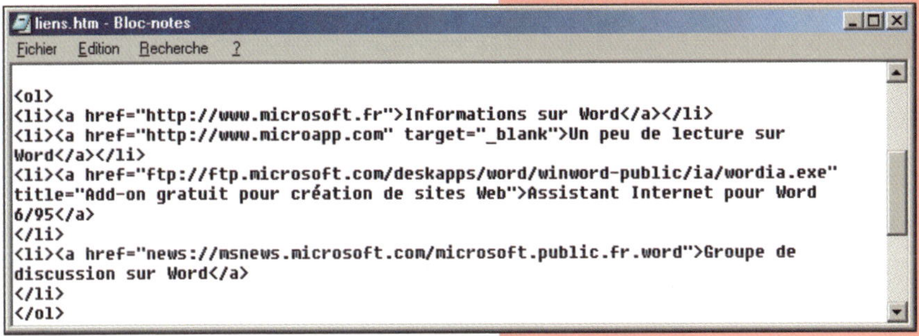


```
<ol>
<li><a href="http://www.microsoft.fr">Informations sur Word</a></li>
<li><a href="http://www.microapp.com" target="_blank">Un peu de lecture sur
Word</a></li>
<li><a href="ftp://ftp.microsoft.com/deskapps/word/winword-public/ia/wordia.exe"
title="Add-on gratuit pour création de sites Web">Assistant Internet pour Word
6/95</a>
</li>
<li><a href="news://msnews.microsoft.com/microsoft.public.fr.word">Groupe de
discussion sur Word</a>
</li>
</ol>
```

Films, sons et fichiers multimédia

Vous avez envie d'intégrer des chansons Midi ou MP3, des petits films vidéo ou des fichiers WAV sur votre page ? Vous souhaiteriez la rendre plus originale encore, grâce à l'ajout d'un son à l'arrière-plan, ou d'animations Flash ?

Tous ces éléments confèrent à votre page d'accueil un habillage "multimédia". Les opérations de mise en place sont très simples. Commençons par la variante la plus facile à définir.

Midi ou MP3 ?
Définir un lien vers des fichiers multimédias

L'insertion d'un fichier média sur un site fonctionne très simplement. Qu'il s'agisse d'un fichier Midi ou Wav, d'un film Quicktime ou d'une chanson MP3, le principe est toujours le même :

1 Ajoutez un lien pour désigner le fichier concerné, en inscrivant la ligne :

```
<a href="Fichier Media">Description du lien</a>
```

2 Vous souhaitez intégrer un fichier MP3 du nom de *song.mp3* ? Saisissez dans ce cas :

```
<a href="song.mp3">La guitare MP3 </a>.
```

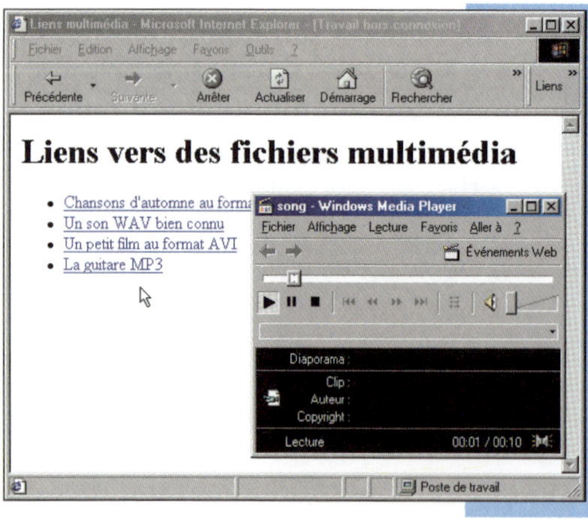

3 Le navigateur détecte automatiquement le type de fichier dont il s'agit, et ouvre en règle générale le programme de lecture correspondant. Internet Explorer lance par exemple Windows Media Player.

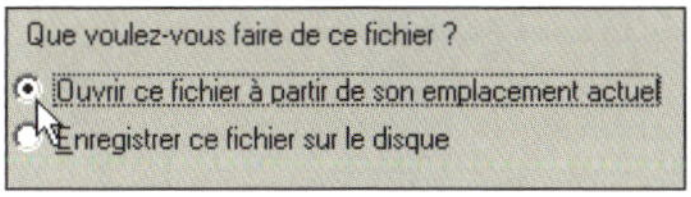

4 Il arrive parfois que le navigateur ne reconnaisse pas le type de fichier. Dans ce cas, il cherche à le télécharger et à l'enregistrer. Dans la boîte de dialogue qui s'affiche, activez l'option lançant une lecture du fichier. Dans Internet Explorer, cochez l'option Ouvrir ce fichier à partir de son emplacement actuel.

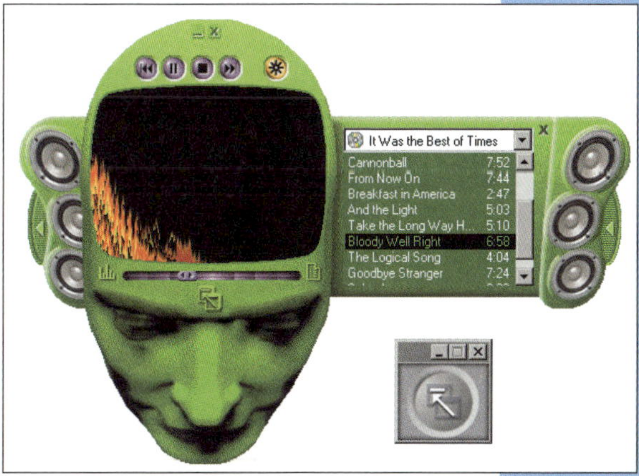

5 Dans la catégorie des programmes de lecture performants, on peut citer Media-Player d'Internet Explorer 5.x, livré avec Windows Millenium. Il connaît les formats média les plus courants tels que Wave, Midi, Streaming Audio, QuickTime, Au, Real Media, MP2 ou MP3. L'interface de ce nouveau programme de lecture peut en outre être modifiée.

6 À partir de la version 4.7, Netscape Navigator est livré avec le célèbre WinAmp, qui reconnaît également un nombre élevé de formats.

Cette méthode vous permet en principe d'intégrer sur vos pages un lien vers chacun de ces types de fichiers. La liste ne se limite pas à des fichiers médias, puisqu'il est possible de spécifier un fichier Excel, Word ou PDF comme cible.

L'unique condition est que le visiteur dispose sur son ordinateur de Word, d'Excel ou d'Acrobat Reader (pour les fichiers *PDF*).

Le fichier sera lu ou affiché en fonction des fonctionnalités du navigateur et du système d'exploitation de l'internaute. La meilleure solution est de procéder à des tests, avant de publier votre site. Demandez à des amis de faire de même.

Unplugged : films, flash et animations

La méthode des liens décrite précédemment fonctionne, mais elle n'est pas la plus élégante. Elle suppose l'ouverture du programme de lecture, et donc la mise à l'arrière-plan de votre propre page. Laissez aux internautes le choix d'ouvrir ou d'enregistrer le fichier.

Testez cette variante en intégrant le fichier "visuellement" sur votre page, par le biais de la balise `<embed />`.

1 La construction de la ligne répond à cette syntaxe :

```
<embed src="Nom de fichier" width
="Pixel" height="Pixel" autos-
tart="false" loop="false" />
```

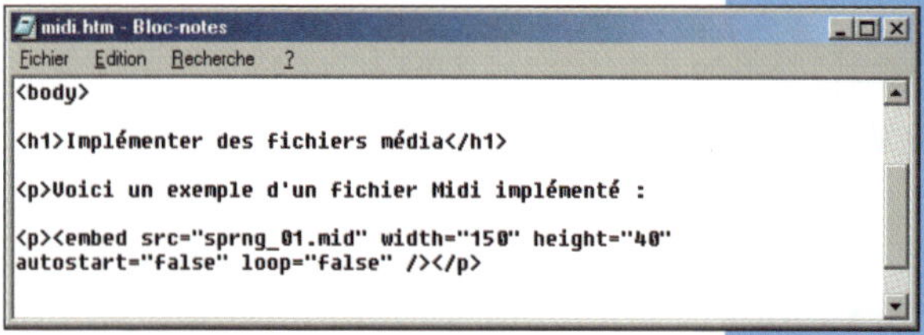

2 Ajoutez cette instruction dans le corps du document, à l'emplacement du futur affichage du lecteur média. La balise se comporte comme un signe. Dans notre exemple, nous avons ancré le fichier Wave *chimes.wav* grâce à `<embed />` (le fichier est disponible dans le même dossier que celui du document HTML).

3 Vous avez un aperçu du résultat dans le navigateur. Les indications de taille (par exemple `width="150" height="40"`) spécifient la dimension exacte du lecteur intégré.

4 L'instruction `autostart="false"` désactive le lancement automatique du lecteur, qui ne démarrera qu'après un clic sur le bouton **Lecture**. Une lecture immédiate du fichier peut être obtenue avec la commande `autostart="true"`.

5 La commande `loop="false"` signifie que le morceau ne sera lu qu'une seule fois. Pour une lecture en boucle, remplacez `false` par `true`.

6 Vous souhaitez intégrer un film en appliquant cette méthode ? Veillez à laisser une place suffisante à l'appareil de lecture. Le plus simple est de renoncer aux attributs `width` et `height` !

L'interface de l'appareil de lecture varie d'un type de navigateur à l'autre. Si aucun lecteur n'apparaît au cours du test de la page, cela signifie qu'aucun plug-in adéquat n'est installé. Le navigateur n'est en mesure de lire certains formats spécifiques que s'il dispose des outils nécessaires.

INFO

<object> remplace <embed>

Notez que la balise `<embed>` **ne fait en réalité pas partie du standard HTML/XHTML officiel ! Le W3C lui préfère depuis peu la balise** `<object></object>`**. Pour intégrer un fichier Midi avec** `<object>`**, inscrivez par exemple**

```
<object data="song.mid" type="audio/midi" width="150"
height="100" autostart="false"></object>.
```

Cette balise `<object>` **n'est hélas pas interprétée par tous les navigateurs, ce qui nous incite donc à conserver l'emploi de la balise** `<embed>` **!**

Flash a besoin d'un plug-in

Vous travaillez avec des "formats de fichiers exotiques", comme Flash de Macromedia pour les animations ? La règle est toujours la même : le fichier ne peut être ouvert et lu que si le navigateur dispose du plug-in correspondant. Nous vous recommandons de ne pas trop surcharger vos pages de fichiers médias, afin de ne pas irriter d'éventuels internautes ne disposant pas des outils adéquats.

Vérifiez dans un premier temps que les fichiers peuvent correctement être traités par Internet Explorer et Netscape Navigator. Les internautes n'auront peut-être pas toujours le temps ni la patience de télécharger tous les plug-ins exigés pour la lecture de vos fichiers.

Un fichier Flash s'intègre également en HTML par le biais des balises `<embed></embed>`. Certaines options supplémentaires, variant d'une version de Flash à une autre, sont néanmoins nécessaires. Par chance, le programme Flash élabore systématiquement le code correspondant.

Vous pouvez toujours ajouter une image de remplacement, mais vous avez dans ce cas besoin du programme Flash. Seul le lecteur est gratuit.

Pour obtenir le lecteur gratuit, et des informations complémentaires sur Flash, consultez l'adresse www.macromedia.com.

INFO

Les animations GIF n'exigent aucun plug-in

Vous souhaitez créer des animations, mais vous ne disposez pas du programme Flash de Macromedia ? Optez dans ce cas pour le format *GIF*, qui vous permet de composer des fichiers animés qui s'afficheront sans problème dans n'importer quel navigateur.

Des sons à l'arrière-plan

Des sons ou des musiques lus automatiquement au chargement d'une page web font partie des éléments très appréciés des internautes. L'incorporation de ces sons s'effectue une nouvelle fois par le biais de la balise `<embed>`, et d'attributs complémentaires.

1 Ajoutez l'attribut `hidden`, accompagné de la valeur `true`. Dotez `autostart` de la valeur `true`.

2 Même si vous spécifiez la hauteur et la largeur, l'objet n'occupe aucune place sur la page.

arrplan.htm - Bloc-notes

Fichier Edition Recherche ?

```
<html>
<head>
        <title>Arrière-plan sonore</title>
</head>
<body>
<h1>Arrière-plan sonore</h1>

<p><embed src="sprng_01.mid" width="150" height="40"
autostart="true" loop="false" hidden="true" />Vous entendez
un son à l'arrière-plan.</p>

</body>
</html>
```

3 Positionnez la ligne <embed> à l'emplacement de votre choix, dans le corps de votre document HTML, si possible à l'intérieur d'un autre couple de balises. La figure présente un document HTML complet, accompagné d'un son à l'arrière-plan. Le petit morceau nommé *sprng_01.mid* sera lu au chargement du document d'accueil.

4 L'instruction `hidden="true"` désactive l'affichage du lecteur nécessaire. Même si le lecteur n'occupe aucune place sur la page, conservez les valeurs `width` et `height`, exigées par défaut par certains navigateurs.

Le principal avantage de cette méthode est qu'Internet Explorer et Netscape sont tous deux en mesure de traiter cette instruction !

INFO

Renoncez à <bgsound>

Microsoft a introduit une balise nommée `<bgsound>`**. Elle ne s'intègre pas dans le corps du document, mais dans la zone d'en-tête, sous la forme** `<bgsound src="sprng_01.mid" />`**. Cette balise ne fait néanmoins pas partie du standard officiel, et n'est pas gérée par Netscape. Des programmes comme FrontPage ou Word 2000 ne tiennent pas compte de cette restriction, et l'incorporent par défaut dans votre page web. Nous vous conseillons néanmoins de renoncer à son utilisation.**

Présentation de l'association avec les CSS

Les feuilles de styles en cascade (ou CSS) sont conçues pour vous simplifier la mise en forme de pages web ; elles vous facilitent notamment les modifications des types, des couleurs et d'autres propriétés des polices de caractères. Elles permettent en outre de travailler avec des bordures ou des couleurs d'arrière-plan, ou de positionner précisément des images et du texte sur la page.

Les feuilles de styles (ou style sheets) offrent un éventail de possibilités plus large que celui proposé par la balise `<font>` (supprimée d'ailleurs en XHTML).

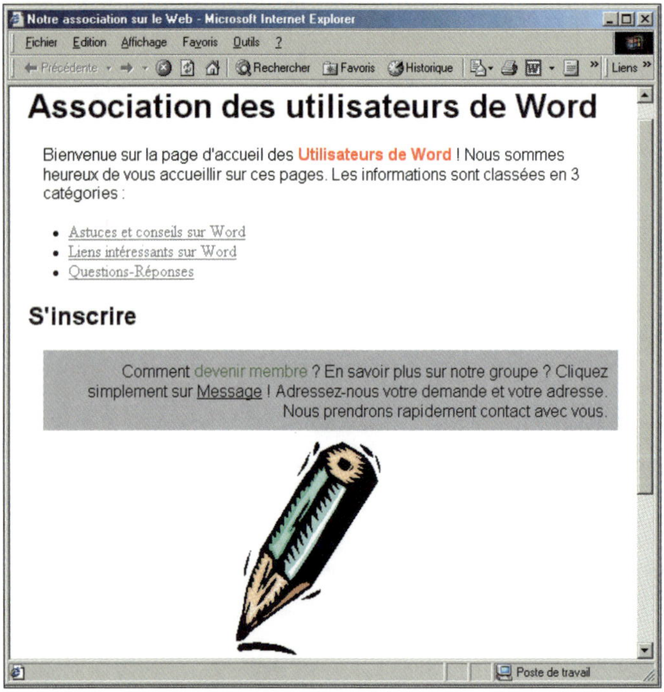

Ce chapitre est essentiellement consacré au langage des Cascading Style Sheets (CSS), ou feuilles de styles en cascade, en français. La figure représente le résultat obtenu par le biais des modifications apportées au texte source du document. Elle vous servira de référence tout au long de ce chapitre.

Mise en forme améliorée grâce aux feuilles de styles

Comment pourrait-on définir les feuilles de styles ? Nous allons nous pencher longuement sur la question, mais observez dans un premier temps le document exempt de toute amélioration liée aux feuilles de styles. Construisez un document de ce type, pour suivre pas à pas les futures explications.

Nous allons transformer étape par étape le document de base (voir figure suivante) en une page "haut de gamme" (cf. première image du chapitre).

Le nom de fichier de notre projet est *asso.htm*. Choisissez le cas échéant une image pour agrémenter l'ensemble.

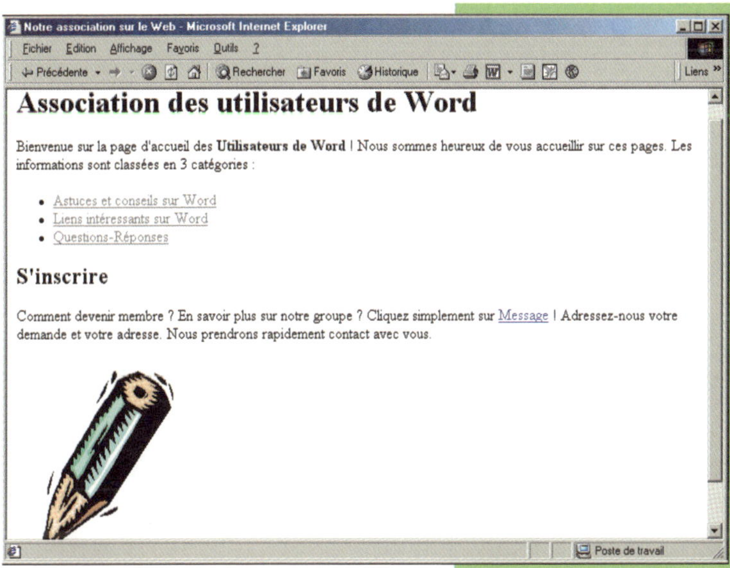

1 Observez le document original. Il s'agit d'un document HTML ordinaire, ne présentant aucune particularité. Le texte source est rédigé en HTML simple. Le navigateur applique automatiquement la police Times ou Times New Roman (sauf option contraire).

2 Ce texte se compose de deux titres, d'une liste, de liens externes et d'un dessin. Les liens hypertextes sont soulignés, et affichés en bleu. Les liens déjà consultés sont quant à eux présentés en violet. Le texte source complet est le suivant. Vous constatez que les possibilités de variantes de mise en forme sont réduites.

```
<html>
<head>
<title>Notre association sur le Web</title>
</head>
<body bgcolor="white" vlink="gray">
<h1>Association des utilisateurs de Word</h1>
<p>Bienvenue sur la page d'accueil des <b>Utilisateurs de Word
</b> ! Nous sommes heu-
reux de vous accueillir sur ces pages. Les informations sont
classées en 3 catégories :</p>
<ul>
<li><a href="astuces.htm">Astuces et conseils sur Word</a></li>
<li><a href="liens.htm">Liens intéressants sur Word</a></li>
<li><a href="service.htm">Questions-Réponses</a></li>
</ul>
<h2>S'inscrire</h2>
<p>Comment <span>devenir membre</
span> ? En savoir plus sur notre groupe ? Cliquez simplement sur
<a href="mailto:feedback@happyoffice.com">Message</a> !
Adressez-nous votre demande et votre adresse. Nous prendrons
rapidement contact avec vous.</p>
<img src="pen.gif" alt="Crayon" width="170" height="220">
</body>
</html>
```

3 Grâce aux feuilles de style, nous appliquerons ultérieurement des attributs à ce document. Mais que sont ces feuilles de styles ? On peut les comparer à ces modèles de formats connus des éditeurs de textes. Derrière ces gabarits, se cache un concept très raffiné : lespropriétés de mise en page sont regroupées dans un élément central.

4 Au lieu d'appliquer à chaque fois les mêmes paramètres à un paragraphe, définissez ces propriétés dans un gabarit de format. Il vous suffit ensuite d'appliquer ce "style" au paragraphe de votre choix. Vous pouvez même créer vos propres styles. Les noms de ces gabarits diffèrent d'un éditeur de texte à un autre.

Dans WordPerfect par exemple, on parle de "Styles". En CSS, on désigne ces modèles par le terme de "Style Sheets", feuilles de styles.

5 Vous vous interrogez peut-être sur leur utilité dans la pratique. Imaginons que vous souhaitiez modifier le type de police des titres de votre site. Grâce aux gabarits de format ou aux feuilles de styles, le tour sera rapidement joué. Modifiez simplement les propriétés dans le gabarit. Tous les titres dotés de ce format de style seront mis à jour en une seule opération.

6 Les modèles de caractères sont tout aussi pratiques. Vous pouvez transformer en un tournemain tous les mots en italique en caractères rouges, ou les rehausser en gras. Tous les paragraphes peuvent être accompagnés d'un ombrage à l'arrière-plan et d'une bordure.

7 Notez que les feuilles de styles ne peuvent être interprétées que par les dernières versions de navigateurs, et que des problèmes d'affichage ne sont pas exclus.

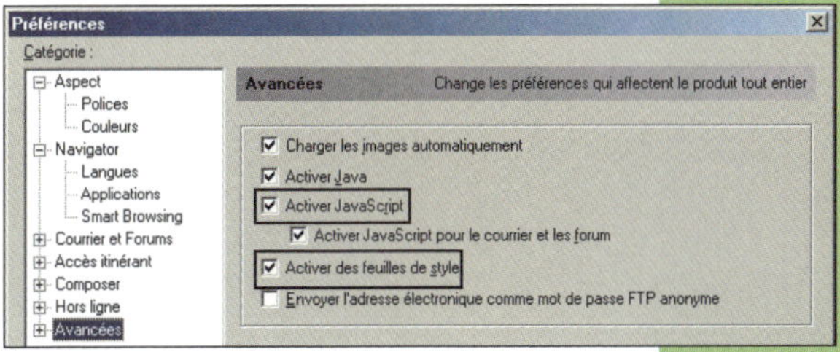

8 Dans Netscape, les feuilles de styles ne sont gérées qu'à partir de la version 4.x, et uniquement si vous avez activé JavaScript. Pour vérifier ce paramètre, sélectionnez la commande **Edition/Préférences/ Avancées**, et contrôlez si les options *Activer JavaScript* et *Activer les feuilles de style* sont cochées. Certaines propriétés importantes ne sont malgré tout pas prises en compte (comme les bordures, les lignes de cadres, ou certains attributs de police comme les petites capitales). Internet Explorer gère certains points des feuilles de styles depuis la version 3 et, depuis la version 4, jusqu'à 80 %. La version 5 est compatible à 99 % avec les feuilles de styles. Les meilleurs affichages sont obtenus avec Internet Explorer à partir de la version 5.5, Opéra à partir de la version 4, et Netscape à partir de la version 6.

Malgré ces éventuels problèmes d'affichage, les feuilles de styles se sont imposées depuis longtemps. Il est vrai que les avantages dépassent les inconvénients (vérifiez néanmoins si l'aspect de votre document est satisfaisant sans feuilles de styles).

Définir un modèle de format

Nous allons essayer de transformer notre document de base, grâce à l'insertion de feuilles de styles dans le fichier HTML. La première modification s'applique au type et à la taille de police des paragraphes (<p>). Essayons avec la police Arial, 12 points.

1 Placez le curseur d'insertion dans la zone d'en-tête du document. Les feuilles de styles doivent être ajoutées entre </title> et </head>.

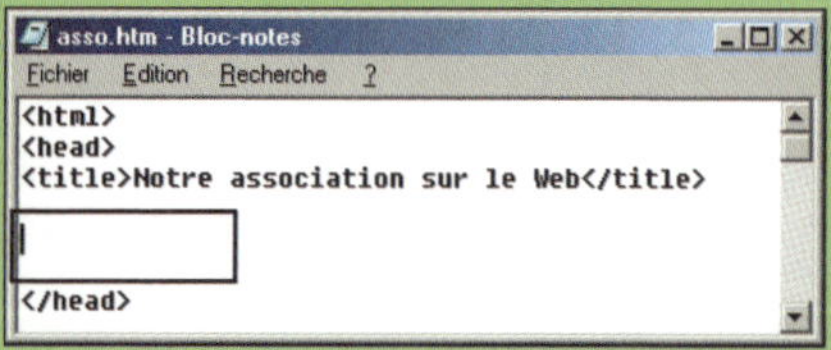

2 Les feuilles de styles sont introduites par <style type="text/css">, et désactivées par </style>. Encadrez vos définitions de styles par des signes de commentaires HTML, de façon à ne pas "perturber" les anciens navigateurs. Inscrivez les lignes suivantes :

```
<style type="text/css">
<!--
...
//-->
</style>
```

3 Définissez ensuite les gabarits de formats correspondants. Inscrivez le nom de la balise sans les crochets, puis ajoutez une paire d'accolades. C'est entre ces deux signes que vous précisez les propriétés. Pour apporter des modifications à la balise <p>, écrivez :

```
<style type="text/css">
<!--
p { Propriétés; }
//-->
</style>
```

4 Revenons aux propriétés précisées entre accolades. La syntaxe est différente de celle déjà étudiée. Saisissez l'attribut correspondant. Si vous souhaitez modifier le type de police, utilisez `font-family` (et non `font-face` !). Tapez la valeur de l'attribut après un double-point (et non le signe égal). Les guillemets encadrant la valeur sont inutiles.

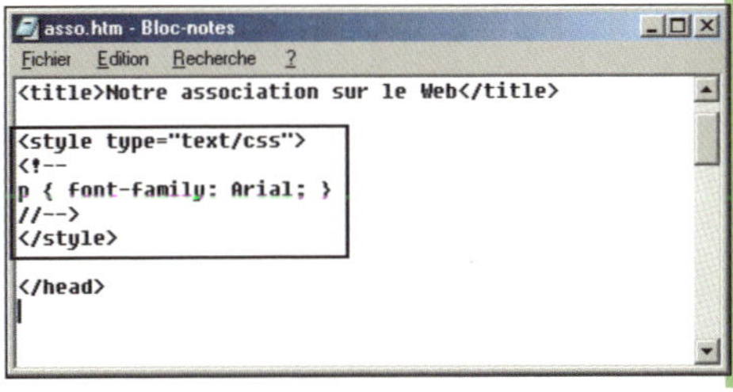

5 La figure représente l'en-tête du document, complété par la définition de la feuille de styles. Cette rapide modification permet d'appliquer la police Arial à tous les paragraphes délimités par `<p></p>`.

La police Arial ne vous convient plus ? Remplacez simplement son nom par celui de votre choix, et la modification sera prise en compte pour tous les passages concernés.

Principaux attributs des feuilles de styles

Vous souhaitez maintenant connaître les autres fonctionnalités offertes par les feuilles de styles. La liste détaille leurs principaux attributs :

- `font-family` : type de police ;
- `font-size` : taille de police, indication en *pt* (point) ;
- `color` : couleur de police, sous la forme de valeur hexadécimale (`#ff0000`) ou de nom de couleur (`red`) ;
- `background` : couleur d'arrière-plan ;
- `margin-left` : bordure gauche, par exemple en *px* (pixel) ;
- `margin` : bordure générale par exemple en *px* (pixel).

L'emploi de ces attributs fait l'objet d'explications détaillées dans les pages suivantes.

Règles relatives aux feuilles de styles

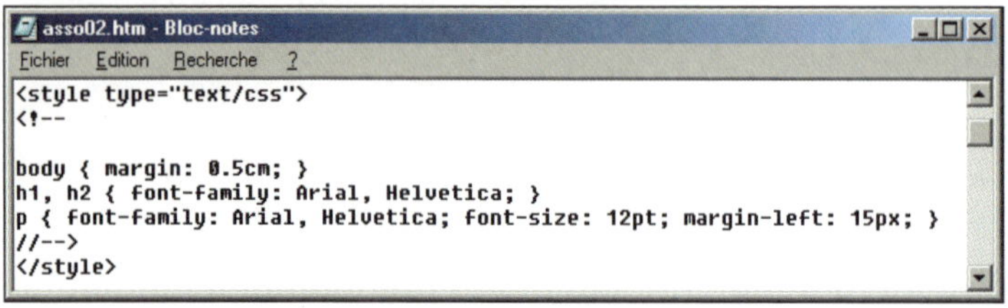

asso02.htm - Bloc-notes

Fichier Edition Recherche ?

```
<style type="text/css">
<!--

body { margin: 0.5cm; }
h1, h2 { font-family: Arial, Helvetica; }
p { font-family: Arial, Helvetica; font-size: 12pt; margin-left: 15px; }
//-->
</style>
```

Vous connaissez à présent certains attributs, ainsi que leurs valeurs respectives. Les règles et les particularités supplémentaires des feuilles de styles sont exposées à l'aide d'exemples destinés à compléter la "définition de style". Deux lignes vont être ajoutées, tandis que la ligne <p> va être complétée.

Étudions ensemble le texte source :

1 Le mot clé body permet d'appliquer une bordure de 0,5 cm au document complet. Dans l'instruction, la virgule est remplacée par un point. N'oubliez pas le point-virgule fermant la définition de style.

```
body { margin: 0.5cm; }
```

INFO

Hiérarchie dans les feuilles de styles

La balise <body> est l'élément principal de votre document HTML, celle qui a le plus de valeur. Si vous définissez une bordure, un type ou une couleur de police à l'intérieur de cette balise, ses paramètres seront appliqués à tout le document. Les autres balises "héritent" de ces propriétés. Nous reviendrons sur ce principe, dans un exemple ultérieur.

2 La ligne suivante détermine les propriétés des niveaux de titres <h1> et <h2>. Cette configuration sera appliquée à tous les éléments placés devant la définition de style, ici les deux niveaux de titres. Il vous suffit de les séparer par une virgule.

```
h1, h2
```

3 L'ajout du type de police Helvetica permet de spécifier une police alternative. Pensez aux internautes qui ne disposent pas sur leur ordinateur de la première police indiquée. Dans le monde Macintosh ou Linux, par exemple, la police Arial n'existe pas, à la différence de la police Helvetica. Les valeurs d'attributs de remplacement doivent être séparées par des virgules. Inscrivez par exemple `font-family: Arial, Helvetica`. En présence de la police Arial sur le PC, le texte sera affiché en Arial ; Helvetica sera adopté dans le cas contraire.

```
h1, h2 { font-family: Arial,
Helvetica; }
```

4 La ligne correspondant au paragraphe a été complétée par les attributs `font-size` (taille de police) et `margin-left` (bordure de gauche). Les différents attributs sont simplement séparés par un point-virgule. Les éventuelles valeurs d'attributs de remplacement sont quant à elles séparées par une virgule.

```
p { font-family: Arial, Helvetica; font-size: 12pt; margin-left:
15px; }
```

Ces instructions vous paraissent difficiles à mémoriser, et vous ne savez plus très bien à quoi elles correspondent ? Si vous souhaitez noter leur signification pour simplifier leur édition ultérieure, ajoutez des commentaires. Le commentaire occupe une ligne ; il est encadré des signes /* et */ :

```
/* La ligne suivante modifie le type de police des titres
principaux */
h1, h2, { font-family: Arial, Helvetica; }
```

Formats de caractères en CSS

Les feuilles de styles ont servi jusqu'ici à appliquer un style à des paragraphes entiers. Les titres principaux et <p> représentent un type de paragraphe isolé, et forment un bloc. Les propriétés des formats de caractères peuvent elles aussi être manipulées.

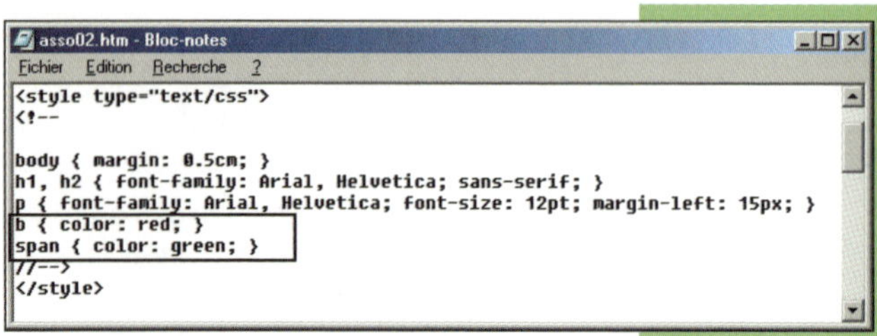

1 La balise <b> (pour bold) applique normalement la propriété gras aux caractères. Si vous souhaitez que le passage soit coloré en rouge, ajoutez l'instruction :

```
b { color: red; }
```

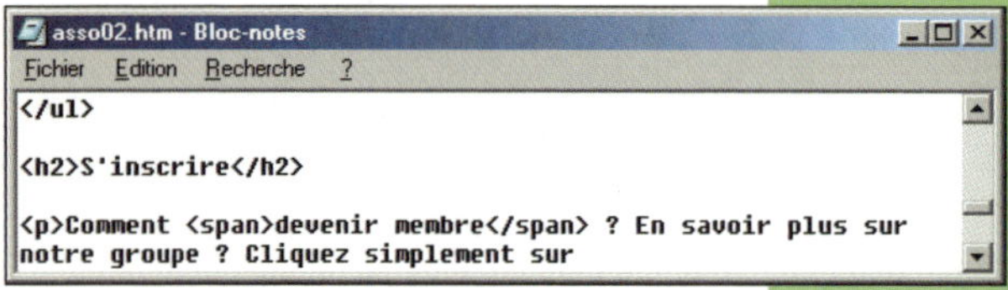

2 Connaissez-vous déjà le couple de balises <span></span> ? Il s'agit d'un "format de caractères libre". Sans les feuilles de styles, la paire <span> </span> n'a aucun effet, puisqu'elle n'applique aucune propriété. Dans une feuille de style, ces balises autorisent la manipulation de passages de textes.

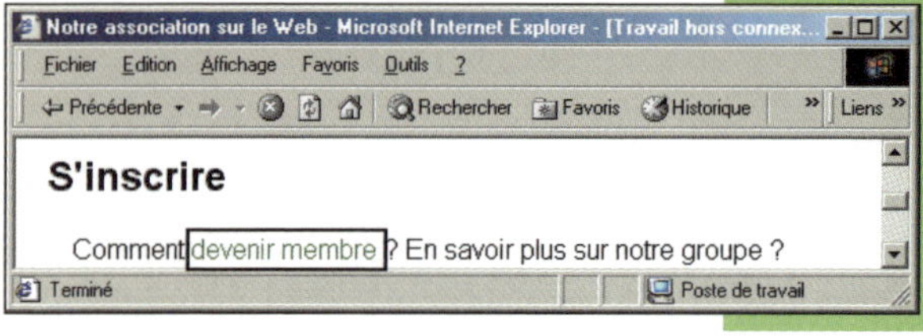

3 La ligne suivante est en effet destinée à appliquer la couleur verte à ce passage de texte.

```
span { color: green; }
```

Vous pouvez doter les formats de caractères des attributs ou valeurs de votre choix.

INFO

Formats libres pour caractères et paragraphes

Vous savez à présent manipuler paragraphes et caractères, à l'aide de balises HTML existantes. Les balises disposent en règle générale d'une propriété par défaut. La balise <h1> par exemple suppose une taille de police particulière, et un espace supplémentaire, <b> formate une lettre en gras, et <pre> est responsable d'une police non proportionnelle. Dans les feuilles de styles, les balises <div> et <span> sont importantes, dans la mesure où elles permettent de dépasser les limites imposées. À la différence de <span></span>, la balise <div></div> a des effets au niveau des paragraphes.

Composer ses propres classes

Vous disposiez jusqu'ici d'un seul format de paragraphe, dotant tous les passages encadrés par <p></p> des mêmes propriétés.

Reportez-vous au début de ce chapitre. Vous remarquez que nous avons besoin d'un tout autre format pour le second paragraphe. Outre la présence d'un cadre, les interlignes ont été modifiés.

Pour obtenir ce résultat, il vous suffit de définir des classes. Nous allons une nouvelle fois procéder étape par étape.

1 Vous avez besoin d'un nouveau gabarit de paragraphe, doté ici d'un cadre. Créez à cet effet la classe `cadre`. Placez un point après le nom de la balise et, sans laisser d'espace, enchaînez avec le nom de la classe. Les futures propriétés seront placées entre accolades. Inscrivez pour l'instant :

```
p.cadre { }
```

2 Le choix du nom de classe est en principe libre, tout comme leur nombre global.

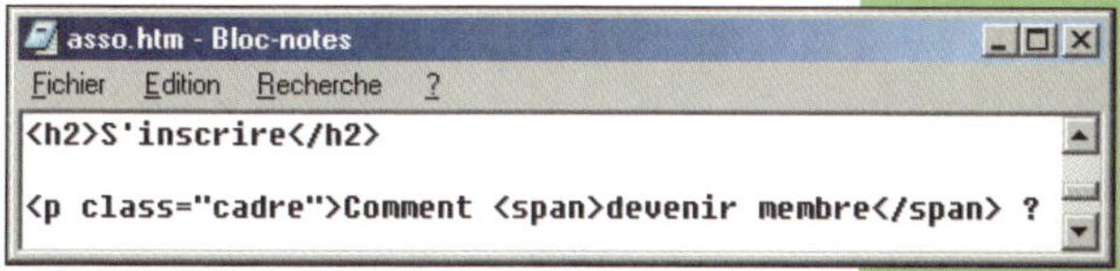

3 Comment préciser maintenant à l'élément qu'il appartient à une classe précise ? Utilisez l'attribut `class` sous la forme `class="Nom de la classe"`. Dans notre exemple, le paragraphe concerné est introduit ainsi :

```
<p class="cadre">Comment <span>
devenir membre</span> ?  ...</p>
```

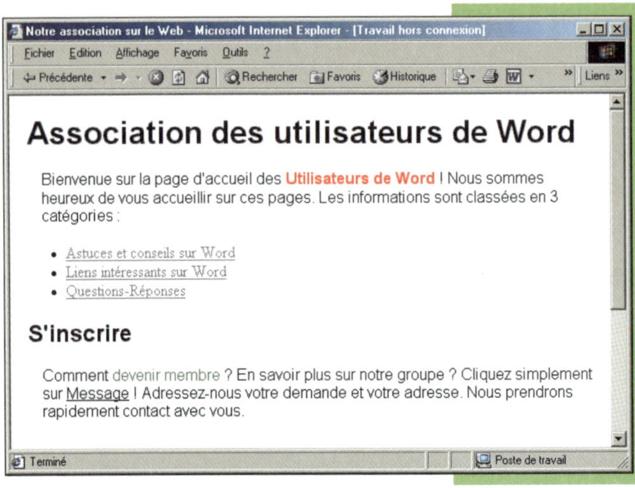

4 Enregistrez le document exemple, et observez l'aperçu dans le navigateur. Que constatez-vous ? En apparence, rien de changé ? En effet, difficile de deviner l'effet de la nouvelle classe sur le texte. Le second paragraphe possède les mêmes caractéristiques que le premier.

> **INFO**
>
> **Gabarits de format "en cascade"**
>
> **Selon le principe d'une cascade, les propriétés s'appliquent de haut en bas. La nouvelle classe hérite ses propriétés de "l'instance" qui lui est supérieure. Les effets de cette organisation restent valables jusqu'à ce que la nouvelle classe soit dotée de paramètres différents.**

Hauteur de ligne, alignement de texte et bordure interne

Il vous reste donc à définir d'autres propriétés spécifiques au second paragraphe. Dès que ces nouveaux paramètres seront enregistrés, ils remplaceront ceux valables jusqu'ici.

La liste présente les trois nouveaux attributs :

- `*text-align` : précise l'alignement de texte ;
- `*line-height` : spécifie la hauteur de ligne ;
- `*padding` : décrit l'espacement intérieur.

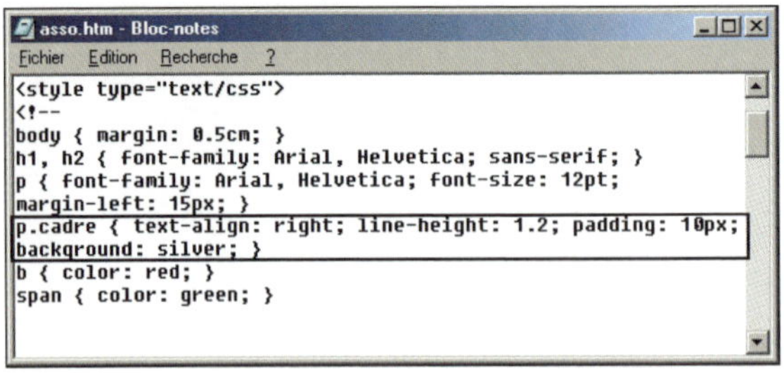

La figure ci-contre représente la feuille de styles complétée.

Étudions dans le détail tous ces éléments :

1 Pour un alignement de texte à droite, inscrivez l'instruction :

```
text-align: right;
```

2 L'intervalle choisi entre les lignes (`line-height`) est de 1,2. Dans les CSS, pensez à remplacer la virgule par un point, dans les valeurs décimales.

```
line-height: 1.2;
```

3 L'espacement intérieur (`padding`) est de 10 pixels.

```
padding: 10px;
```

4 La couleur d'arrière-plan choisie pour ce paragraphe est le gris clair (`silver`). Vous obtenez ainsi un effet d'encadrement.

```
background: silver;
```

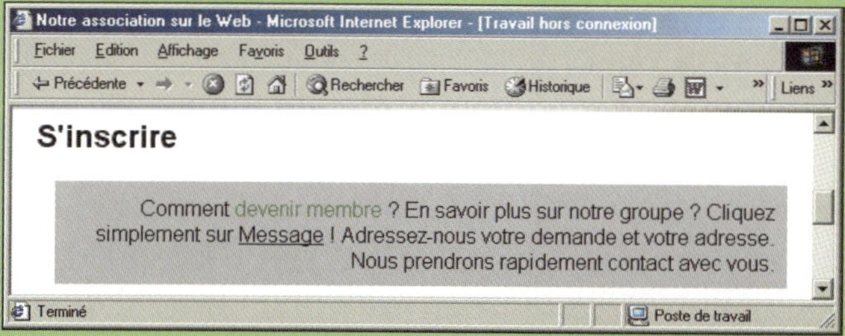

5 La ligne est à présent complète. Si vous travaillez encore avec Netscape 4.x, sachez que ce navigateur ne gère pas parfaitement l'effet d'encadrement. Le gris s'affiche en lignes détachées. À partir de Netscape 6 ou d'Internet Explorer 4, 5, l'affichage de cet effet ne pose aucun problème.

```
p.cadre { text-align: right; line-height: 1.2; padding: 10px; ↵
background: silver; }
```

Créez vos propres classes dès que vous pensez avoir besoin de plusieurs formats de caractères, ou de paragraphes différents. Ces classes sont particulièrement utiles, en combinaison avec `<div></div>` et `<span></span>`.

Inline Styles

Tous les styles que vous définissez peuvent l'être sous la forme d'Inline Styles. La majorité des balises disposent de l'attribut `style`. Les balises sont formatées localement, comme le montre l'instruction suivante :

```
<balise style="Définition de feuille de style ">
```

Que diriez-vous d'un exemple concret ? Utilisez les définitions de styles pour un container <div> :

```
<div style="font-family: Arial, Helvetica; text-align: ↵
 center;">Toujours une idée d'avance !</div>
```

Ce type de styles est appliqué lorsqu'il s'agit d'actions isolées de mise en forme de texte. Vous évitez ainsi la construction d'une nouvelle classe, et vous affectez rapidement de nouvelles propriétés à un paragraphe ou à des caractères.

Pour un positionnement précis d'images

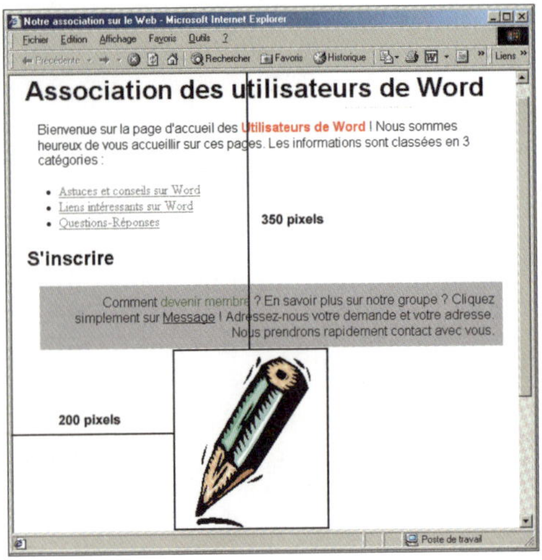

Nous allons voir que les CSS facilitent le positionnement exact d'objets sur une page. Reprenons l'image de notre exemple.

L'objectif de cette opération est de placer le dessin à 350 pixels de la bordure supérieure, et à 200 pixels de la bordure de gauche.

L'emploi des balises <div></div> s'avère idéal :

1 Encadrez la définition du dessin (ou du texte) des balises <div></div>. L'image exemple s'appelle *pen.gif* :

```
<div><img src="pen.gif" alt="Crayon" width="170" height="220"></div>
```

2 Précisez la position exacte de cet objet via CSS. L'attribut correspondant à l'alignement d'objet est `position`, la valeur est `absolute`. Vous devez en outre spécifier les distances supérieure (`top`) et gauche (`left`), par rapport aux bordures internes de la fenêtre.

3 Pour positionner un objet à 350 pixels de la bordure supérieure, et à 200 pixels de celle de gauche, ajoutez la ligne suivante dans la feuille de styles :

```
div { position: absolute; top: 350px; left: 200px; }
```

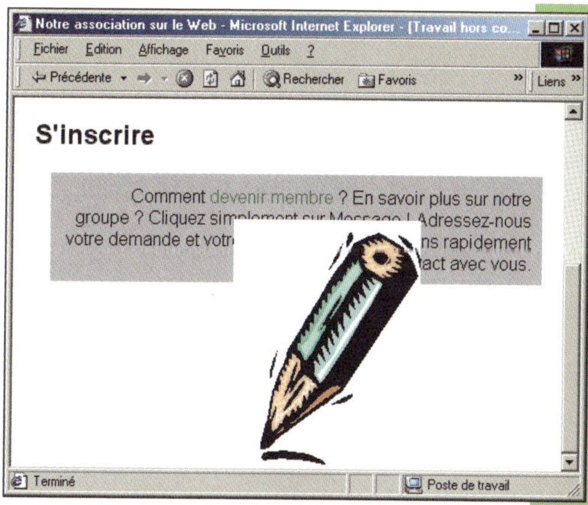

4 L'information est précisée avec une valeur absolue. Si la taille de la fenêtre du navigateur est trop petite, une partie du contenu du texte sera cachée par l'objet.

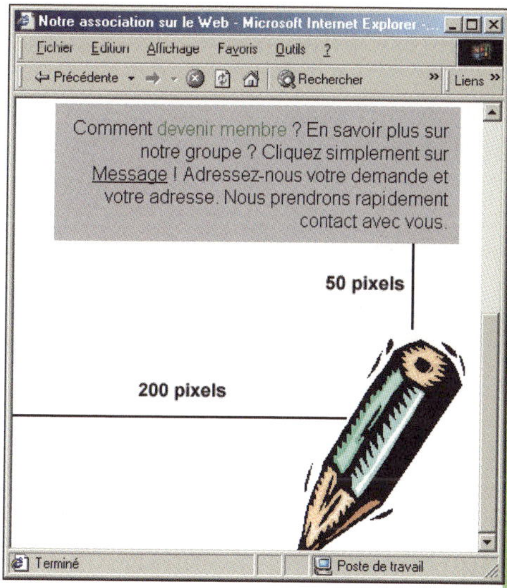

5 Pour éviter de rencontrer ce problème, vous pouvez positionner l'objet à l'aide de valeurs relatives. Remplacez dans ce cas le mot clé `absolute` par `relative`. La ligne suivante permet de placer le container `<div>` à 50 pixels sous l'objet placé au-dessus, et à 200 pixels de la bordure de gauche.

```
div { position: relative;
top: 50px; left: 200px; }
```

Le positionnement précis d'objets permet d'obtenir des effets intéressants. Vous pouvez bien sûr opter pour la création de vos propres classes, avec l'attribut `class`. Créez plusieurs containers, que vous alignerez ensuite de cette manière. Le container peut inclure du texte ou des images.

Liens Rollover avec Hover

L'objectif de cette partie est de rendre "dynamiques" les liens hypertextes. Le principe recherché est une modification de couleur au passage du pointeur sur le lien.

Commençons par détailler le fonctionnement général, avant d'enchaîner avec la solution applicable à notre site web exemple.

1 Pour la mise en forme de liens hypertextes, vous allez utiliser les quatre pseudo-classes intégrées en CSS. Respectez la syntaxe imposée, le `A` devant être inscrit en majuscules, et suivi non pas d'un point mais d'un double-point :

- `A:link` : le lien hypertexte normal ;
- `A:hover`, le lien au passage de la souris ;
- `A:active`, le lien activé ;
- `A:visited` : le lien visité.

2 Vous souhaitez doter vos liens hypertextes d'un effet original du type "effet Hover" ? Supprimer le soulignement du lien de manière discrète y compris les attributs de "décoration de texte" ? Saisissez dans ce cas le listing suivant :

```
A:link { font-family: Arial, Helvetica; font-size: 10pt; ↵
 color: black; }
A:hover { font-family: Arial, Helvetica; font-size: 10pt; ↵
 color: red; text-decoration: none; }
A:active { font-family: Arial, Helvetica; font-size: 10pt; }
A:visited { font-family: Arial, Helvetica; font-size: 10pt; }
```

3 Notez que la pseudo-classe `A:hover` fonctionne déjà sur Internet Explorer 4 et 5 et sur Opera 4, mais qu'elle n'est interprétée par Netscape qu'à partir de la version 6.
L'effet Hover ne pourra donc pas être apprécié par les utilisateurs de Netscape 4.x.

4 Si vous avez déjà défini des attributs de liens avec `link`, `alink` et `vlink` dans `<body>`, sachez qu'ils seront remplacés. Les feuilles de styles sont en effet prioritaires.

5 Les paramètres liés à `A:visited` remplacent tous les autres. Si l'internaute a déjà consulté ces pages, la couleur définie par exemple via `A:hover` (ou la suppression du soulignement) ne sera plus prise en compte si une autre couleur a été spécifiée dans `A:visited` (ou si le soulignement a été réactivé).

6 Pour contourner le problème, renoncez à ces propriétés dans `A:visited`. Vous pouvez néanmoins définir une autre couleur pour le lien visité par l'intermédiaire de `vlink`, dans la balise `<body>`.

Observez à présent le listing de notre document exemple. Vous remarquez que nous avons opté pour la solution employant l'attribut `vlink` dans la balise `<body>`.

Les liens visités seront affichés en gris, avec un soulignement, mais l'effet Hover sera conservé. C'est la raison pour laquelle nous n'avons pas eu recours à l'instruction `A:visited`.

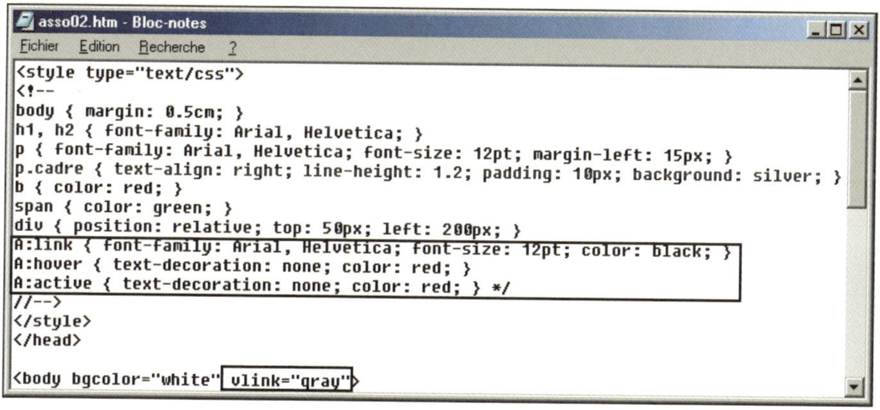


```
<style type="text/css">
<!--
body { margin: 0.5cm; }
h1, h2 { font-family: Arial, Helvetica; }
p { font-family: Arial, Helvetica; font-size: 12pt; margin-left: 15px; }
p.cadre { text-align: right; line-height: 1.2; padding: 10px; background: silver; }
b { color: red; }
span { color: green; }
div { position: relative; top: 50px; left: 200px; }
A:link { font-family: Arial, Helvetica; font-size: 12pt; color: black; }
A:hover { text-decoration: none; color: red; }
A:active { text-decoration: none; color: red; } */
//-->
</style>
</head>

<body bgcolor="white" vlink="gray">
```

Enregistrer les feuilles de styles en externe

Vous avez peut-être besoin d'exploiter vos feuilles de styles dans plusieurs documents. Si tel est le cas, il est préférable de construire un fichier texte externe, auquel pourront accéder autant de documents que vous le souhaitez. Cette flexibilité est l'un des atouts majeurs des feuilles de styles.

Observons la construction de cet ensemble de documents :

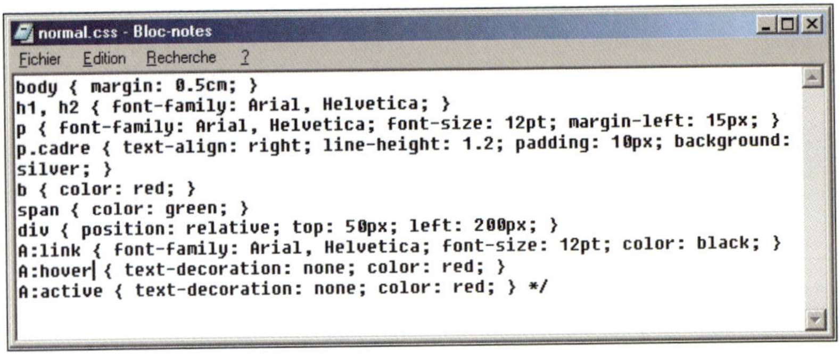

1 Créez vos feuilles de styles dans un fichier texte simple. Lors de l'enregistrement de ce dernier, dotez-le de l'extension *.css*. Ce fichier regroupe uniquement des feuilles de styles, et aucune balise.

2 Vous travaillez avec l'éditeur Windows ? Le programme attribue par défaut l'extension *.txt*. Il est donc nécessaire de saisir le nom du fichier entre guillemets. Inscrivez par exemple `"normal.css"`.

3 Reliez ensuite le document HTML à ce fichier de feuilles de styles. Dans la partie encadrée par `</title>` et `</head>` de la zone d'en-tête, ajoutez :

```
<link rel="stylesheet" type="text/css" href="normal.css" />
```

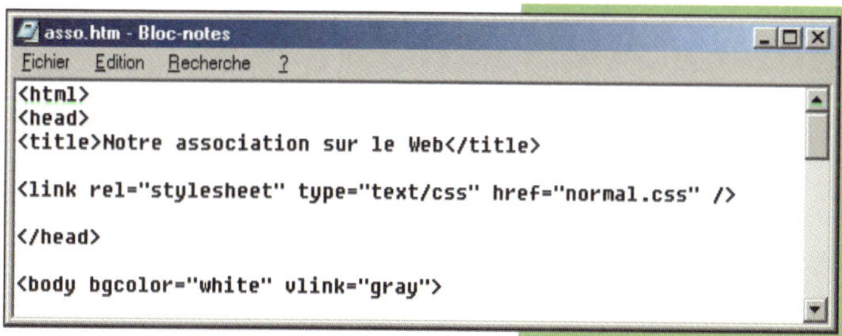

4 Renoncez aux balises `<style></style>`. La figure suivante reprend l'en-tête du document (le document des feuilles de styles est enregistré ici dans le même dossier que le fichier HTML).

Cette méthode permet de relier le fichier des feuilles de styles à un nombre illimité de documents HTML. Vous avez néanmoins toujours la possibilité de doter chaque document de définitions de feuilles de styles locales, et les deux variantes peuvent parfaitement se combiner.

Un formulaire de commande en XHTML

Nous nous sommes contentés jusqu'ici de présenter de simples informations sur le site. Mais il serait intéressant d'établir un "contact" avec vos lecteurs, par le biais d'un formulaire par exemple. Vous avez en outre peut-être un produit à proposer à la vente en ligne ? Ce chapitre va vous exposer les différentes étapes de création de formulaires.

Dans notre exemple, il s'agit d'un formulaire permettant de commander un t-shirt. Le client peut spécifier la taille et le nombre, avant d'indiquer son adresse postale, ainsi que son adresse e-mail. Le formulaire de commande se présente comme suit :

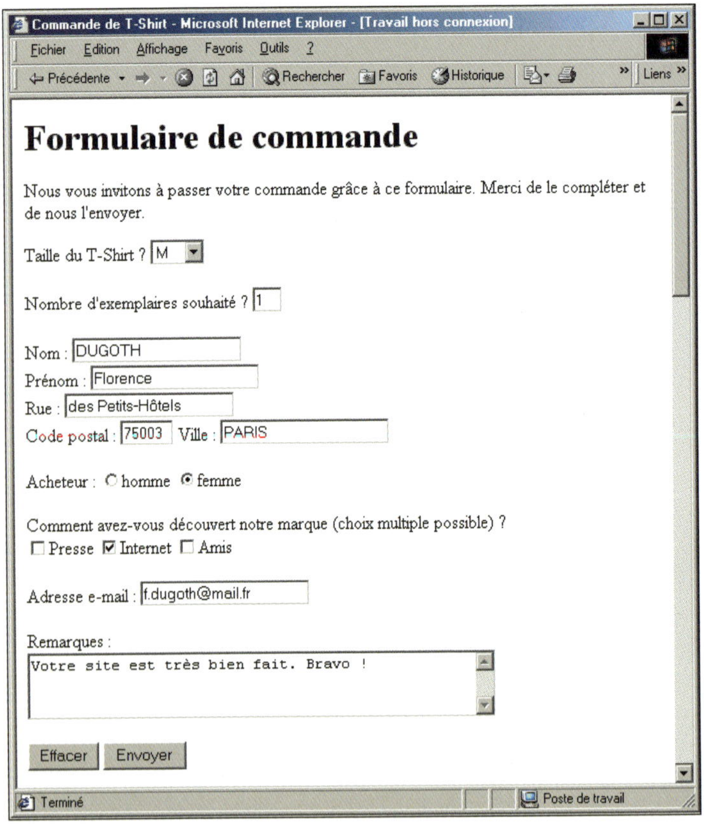

Avant de détailler les phases d'élaboration du formulaire, nous avons choisi de vous présenter le texte source intégral de ce document (X)HTML. Recopiez ce texte à votre rythme, puis enregistrez-le sous le nom `form.htm` par exemple. Nous reviendrons ensuite sur les différentes parties de ce listing.

```
<html>
<head>
<title>Commande de T-Shirt</title>
<meta http-equiv="Content-Type" content="text/html; ↵
charset=ISO-8559-1" />
</head>

<body>

<h1>Formulaire de commande</h1>

<form action="egal.cgi" method="post">

<p>
Nous vous invitons à passer votre commande grâce à ce formulaire. ↵
Merci de le compléter et de nous l'envoyer.
</p>

<p>
Taille du T-Shirt ? <select name="Taille" size="1">
<option>S</option>
<option>M</option>
<option>L</option>
<option>XL</option>
<option>XXL</option>
</select>
</p>

<p>
Nombre d'exemplaires souhaité ?
<input type="text" name="Nombre" size="2" value="1" />
</p>
```

```
<p>
Nom : <input type="text" name="Nom" /><br />
Prénom : <input type="text" name="Prénom" /><br />
Rue : <input type="text" name="Rue" /><br />
Code postal : <input type="text" name="Code" size="5" maxlength="5"
/>
Ville : <input type="text" name="Ville" />
</p>

<p>
Acheteur : <input type="radio" name="Sexe" value="h" />homme
<input type="radio" name="sexe" value="f" />femme
</p>

<p>
Comment avez-
vous découvert notre marque (choix multiple possible) ?<br />
<input type="checkbox" name="Media" value="Presse" />Presse
<input type="checkbox" name="Media" value="Internet" />Internet
<input type="checkbox" name="Media" value="Amis" />Amis
</p>

<p>
Adresse e-mail : <input type="text" name="Email" />
</p>

<p>
Remarques :<br />
<textarea name="Remarques" rows="3" cols="50" wrap="soft">
</textarea>
</p>

<p>
<input type="reset" value="Effacer" />
<input type="submit" value="Envoyer" />
</p>

</form>

</body>
</html>
```

CGI ou e-mail : expédier les données

Que devez-vous savoir sur les formulaires ? Comment les données sont-elles transmises ? Nous répondrons plus tard à ces questions, mais commençons par l'essentiel.

1 Chaque formulaire est encadré des balises `<form>` et `</form>`.

```
<form>
Contenu du formulaire
</form>
```

2 Observons dans le détail les attributs de la balise d'introduction `<form>`.

```
<form action="egal.cgi" method="post">
```

3 La valeur de l'attribut `action` correspond au chemin d'accès à votre programme CGI. Dans le cas de grandes entreprises, le contenu du formulaire est transmis à un programme CGI du serveur. L'instruction `egal.cgi` doit bien sûr être remplacée par le chemin exact. L'attribut `action` peut également être libellé comme suit :

```
<form action="http://www.société_exemple.com/cgibin/feedback.pl" ↵
method="post">
```

4 `Feedback.pl` est le script Perl auquel la page web transfère les données. Les deux lettres `pl` correspondent à Perl.

INFO

Que signifient les lettres CGI ?

CGI, abréviation de Common Gateway Interface, désigne un lien commun pour des programmes installés en règle générale sur un serveur web. Ces programmes sont interactifs, et réagissent aux données de l'utilisateur. Vos saisies peuvent ainsi être transférées à une base de données du serveur. Les programmes CGI sont souvent rédigés en langage Perl. Le prestataire hébergeant votre site peut vous autoriser à enregistrer vos propres CGI sur son serveur. Cette option est cependant souvent payante. L'éditeur HTML 1st Page 2000, disponible à l'adresse *www.evrsoft.com*, vous propose une liste de scripts Perl "prêts à l'emploi".

Analyse du formulaire par e-mail

Vous n'avez pas l'autorisation d'installer des programmes CGI sur le serveur ? La programmation en langage Perl vous est inconnue, et vous ne disposez d'aucun script valable ? Si tel est votre cas, la solution passe par le transfert du contenu du formulaire via l'e-mail. Deux variantes s'offrent à vous :

- Contenu du formulaire affiché directement dans le corps de l'e-mail ;
- Contenu du formulaire dans un fichier attaché.

Dans les deux cas, vous devez employer le mot clé `mailto`, suivi de votre adresse e-mail. Pour recevoir le contenu directement dans la fenêtre e-mail, ajoutez l'attribut `enctype="text/plain"` dans la balise `<form>`. La construction de l'instruction est la suivante :

```
<form action="mailto:VotreAdresse@server.fr" method="post" ↵
enctype="text/plain">
```

Vous avez également la possibilité d'ajouter un objet dans l'adresse e-mail. L'e-mail sera envoyé à l'adresse correspondante. Le principe ne fonctionne que si l'internaute dispose d'un programme de messagerie correctement installé.

Comparez avec l'image présentée au début du chapitre. La figure suivante représente le contenu du formulaire dans la fenêtre du programme e-mail.

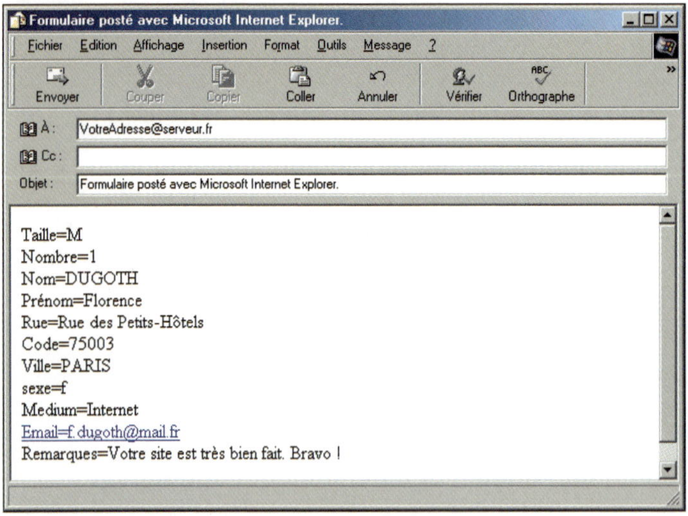

Les champs du formulaire

Étudions maintenant de plus près les différentes parties composant le formulaire. Les zones de saisie peuvent être à une ou à plusieurs lignes. Chaque élément du formulaire peut être géré par une liste d'attributs.

Les zones de saisie de textes

Les zones de textes simples représentent les éléments les plus fréquemment employés sur un formulaire. Elles sont introduites par la balise <input />. Dans notre exemple, les zones de textes permettent à l'internaute de spécifier son nom, son prénom et son adresse, etc.

Observons la structure de ces zones de saisie. Notez dans un premier temps que toutes les balises <input /> doivent être fermées en interne.

1 Les zones de textes servent à saisir du texte ou des chiffres. La construction de ce type de zones de saisie est :

```
<input type="text" name="valeur" />
```

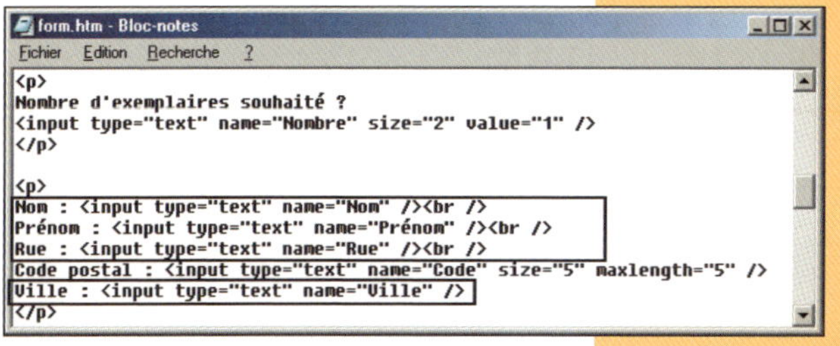


```
<p>
Nombre d'exemplaires souhaité ?
<input type="text" name="Nombre" size="2" value="1" />
</p>

<p>
Nom : <input type="text" name="Nom" /><br />
Prénom : <input type="text" name="Prénom" /><br />
Rue : <input type="text" name="Rue" /><br />
Code postal : <input type="text" name="Code" size="5" maxlength="5" />
Ville : <input type="text" name="Ville" />
</p>
```

2 Concrètement, notre formulaire modèle possède quatre zones de textes simples. Elles servent à l'enregistrement du nom, du prénom, de la rue et de la ville. Les balises de paragraphes <p> et les sauts à la ligne <br /> ne doivent pas vous perturber. Ils sont simplement destinés à organiser les composants du formulaire.

3 Attribuez à name la valeur de votre choix. Elle doit simplement vous permettre de reconnaître l'élément à la réception du contenu du formulaire. Dans notre exemple, il est judicieux de reprendre les libellés des zones de saisie : nom, prénom, etc.

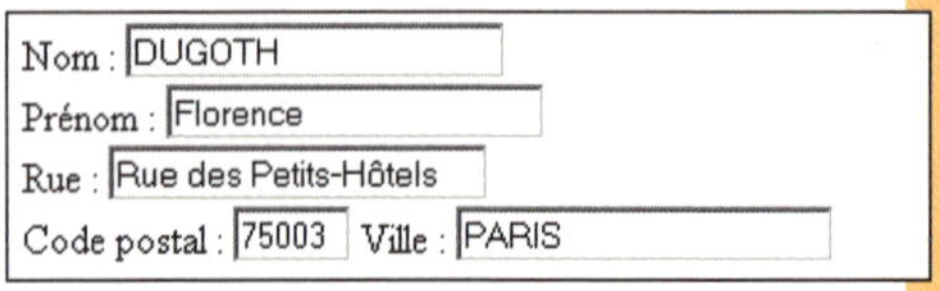

4 La valeur saisie par l'internaute est transmise sous la forme de `value`. C'est ce que le programme CGI reçoit, et ce qui apparaît dans l'e-mail.

Attributs des zones de saisie

Vous avez sans doute déjà remarqué que certaines zones de textes pouvaient être complétées par plusieurs attributs différents. En voici quelques-uns :

- `size` définit la taille d'un point de vue optique. Aucune limite de saisie n'est imposée.
- `maxlength` fixe la longueur maximum permise. Une fois cette valeur atteinte, le curseur se bloque.
- `value` permet de spécifier une valeur par défaut. Inscrivez par exemple `value="10249"`.

Étudions ces attributs sur notre exemple :

1 `Nombre d'exemplaires souhaité ?` La première zone de texte est gérée par deux attributs.

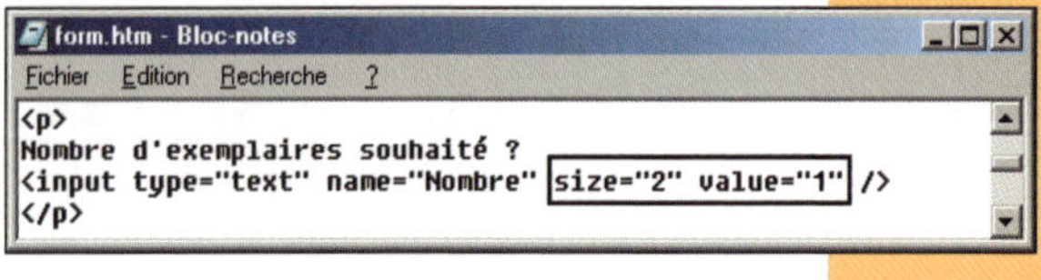

2 La longueur optique (`size`) limite la zone de texte à une certaine taille. L'instruction `value="1"` affiche une valeur par défaut, dans la zone de saisie.

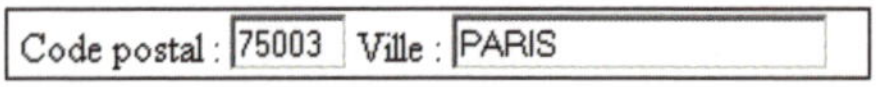

3 Dans le cas de la saisie du code postal, il est préférable de limiter concrètement le nombre de chiffres saisis.

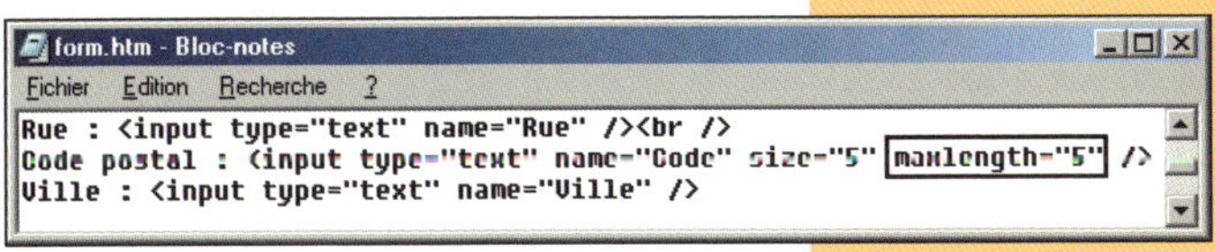

4 Grâce à `maxlength="5"`, vous êtes certain que cinq chiffres seulement pourront être inscrits ici, pas un de plus.

Pour définir un champ de mot de passe, reprenez la syntaxe ci-dessous :

```
<input type="password" name="Mot de passe" size="25" maxlength="20" />
```

Lors de la saisie du mot de passe, les caractères seront remplacés par des astérisques. Le mot de passe est ainsi protégé des regards indiscrets. Cela ne garantit toutefois pas un codage des données, ou un transfert sécurisé. Que votre formulaire présente ou non un champ de mot de passe, les données transférées au programme CGI via le Web ne sont pas protégées.

Dans notre exemple, nous avons renoncé à employer cette zone de saisie.

Zone de texte à plusieurs lignes

Le formulaire dispose de plusieurs zones de saisie à une ligne, et d'une zone de texte à plusieurs lignes. Ces éléments sont parfaits pour l'ajout de commentaires.

Plusieurs attributs entrent une nouvelle fois en jeu.

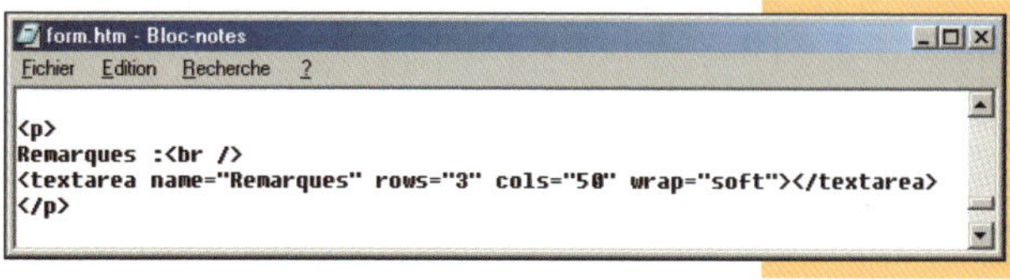

1 Voici le texte source du champ exemple :

```
<textarea name="Remarques" rows="3" cols="50" wrap="soft">
</textarea>
```

2 L'attribut `rows` détermine le nombre de lignes à afficher. Dans cet exemple, la zone comprend trois lignes.

3 Avec `cols`, vous spécifiez le nombre de caractères affichés. L'attribut influe donc sur la largeur de la zone de texte.

4 L'instruction `wrap="soft"` active un retour à la ligne automatique, de sorte que les anciens navigateurs prennent en compte la coupure du texte.

5 La partie `name="Remarques"` sert simplement de repère pour l'analyse du contenu du formulaire.

L'utilisateur peut, si nécessaire, saisir un plus grand nombre de lignes que celles prévues par le paramètre par défaut. Si le contenu du champ n'est plus visible, une barre de défilement est activée.

Proposer une liste de sélection déroulante

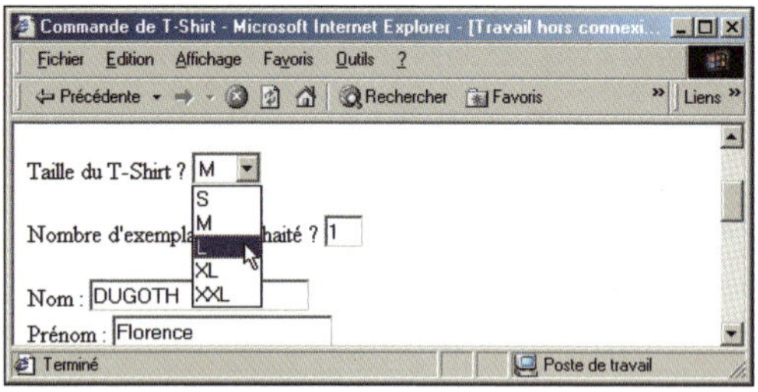

Pour permettre aux visiteurs de sélectionner parmi plusieurs options, les champs de saisie ne représentent pas la solution idéale. Il est plus logique de leur proposer des éléments à choisir dans une liste déroulante.

Notre formulaire propose une liste de ce type. Étudions la composition de cet élément de formulaire :

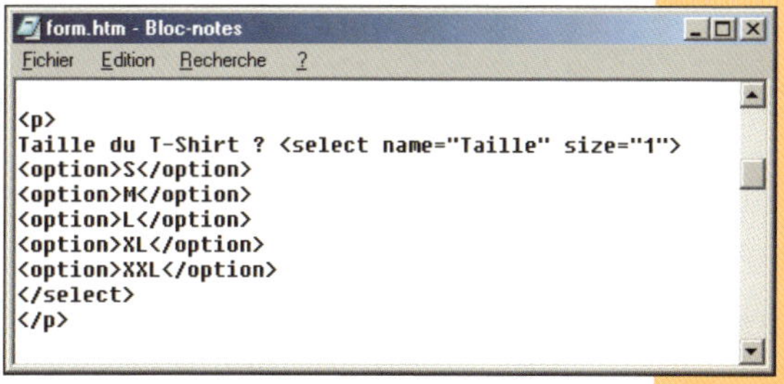

1 Observez le texte source à la base de la liste déroulante. Nous reviendrons ensuite en détail sur chaque élément.

2 Une liste de sélection est délimitée par les balises `<select>` et `</select>`.

```
<sclcct>
...
</select>
```

3 L'attribut `size="1"` dans la balise `<select>` permet de n'afficher qu'un seul champ. `1` étant la valeur par défaut de ce paramètre, vous n'êtes pas obligé de la préciser. En revanche, n'oubliez pas le nom `name` facilitant l'identification interne.

```
<select name="Taille" size="1">
```

4 Les différentes entrées de la liste sont encadrées par les balises `<option></option>`. Le nombre d'occurrences de la liste n'est pas limité. La largeur du champ dépend de celle de la plus grande entrée de la sélection.

```
<option>S</option>
<option>M</option>
<option>L</option>
<option>XL</option>
<option>XXL</option>
```

La construction de ce champ de sélection n'a certainement plus de secret pour vous. Étudions maintenant les autres variantes de présentation, invitant vos lecteurs à choisir.

Cases à cocher et boutons radio

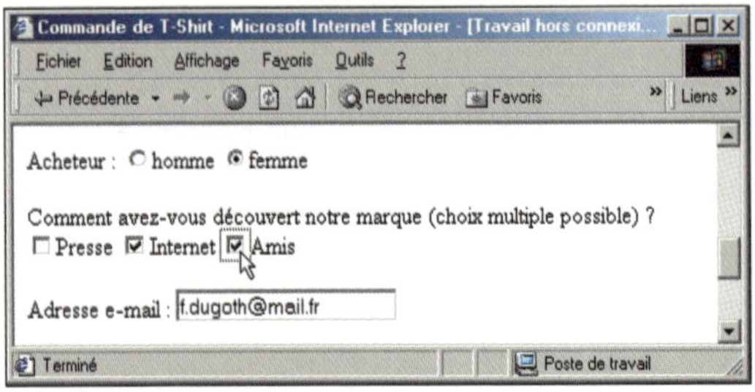

Observons la catégorie suivante sur notre formulaire : les boutons radio et les cases à cocher.

Comment ont-ils été construits ?

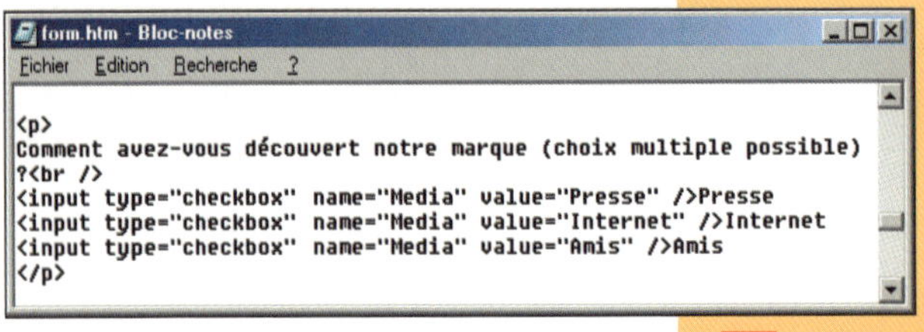

form.htm - Bloc-notes

Fichier Edition Recherche ?

```
<p>
Comment avez-vous découvert notre marque (choix multiple possible)
?<br />
<input type="checkbox" name="Media" value="Presse" />Presse
<input type="checkbox" name="Media" value="Internet" />Internet
<input type="checkbox" name="Media" value="Amis" />Amis
</p>
```

1 La figure représente le listing permettant leur intégration dans le formulaire.

2 Les deux options en face de la catégorie *Acheteur* sont des boutons radio. Ces boutons radio vont souvent par groupes. Dès que vous activez l'un d'eux, celui qui était précédemment coché est désactivé. Un seul choix est donc possible au sein du groupe. Dans notre exemple, l'utilisation de ce type de boutons se justifie.

3 Les boutons radio sont créés à l'aide de l'attribut `type="radio"`. Pour réunir plusieurs boutons dans un même "groupe", ils doivent être dotés du même nom.

```
<input type="radio" name="Sexe" value="m" />homme
<input type="radio" name="Sexe" value="w" />femme
```

4 L'instruction `value` est placée directement dans la balise. Pour simplifier, nous avons opté ici pour `f` et `h`.

5 Les cases à cocher vont souvent par groupes, elles aussi. À la différence des boutons radio, l'utilisateur peut sélectionner plusieurs options.

```
<input type="checkbox" name="Media" value="Presse" />Presse
<input type="checkbox" name="Media" value="Internet" />Internet
<input type="checkbox" name="Media" value="Amis" />Amis
```

6 Les principes sont les mêmes que ceux détaillés pour les boutons radio. Pour grouper plusieurs éléments de ce type, il est nécessaire d'attribuer le même nom à toutes les balises.

L'organisation adoptée pour notre formulaire exemple n'est bien sûr pas la seule envisageable ! Pour aligner précisément tous les éléments du formulaire sur une page, nous vous recommandons l'emploi d'un tableau invisible. Nous reviendrons ultérieurement sur les tableaux.

Expédier ou réinitialiser le formulaire

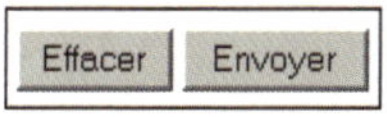

La construction du formulaire arrive à son terme. Il ne serait néanmoins pas complet sans la présence de deux boutons importants, indispensables sur une page "interactive". Il s'agit des boutons de réinitialisation (`reset`) et du bouton permettant l'envoi des données (`submit`).

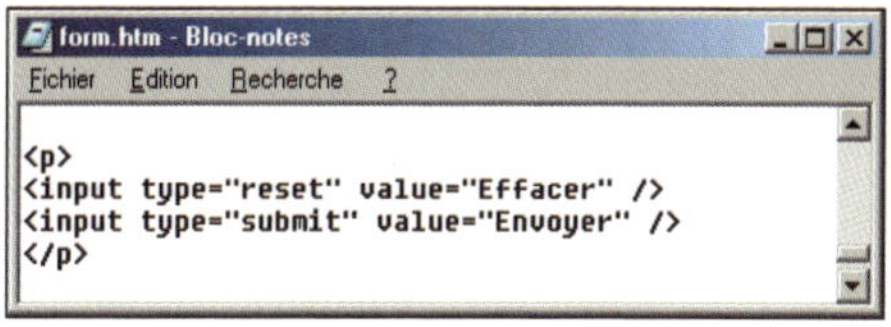

1 Voici le texte source, à la base de ces deux boutons placés en bas du formulaire.

2 Le code d'un bouton de réinitialisation est le suivant. La valeur saisie en face de `value=` sera affichée sur le bouton lui-même.

```
<input type="reset" ↵
value="Effacer" />
```

3 Pour le bouton de transfert des informations, remplacez simplement `type="reset"` par `type="submit"`.

```
<input type="submit"
value="Envoyer" />
```

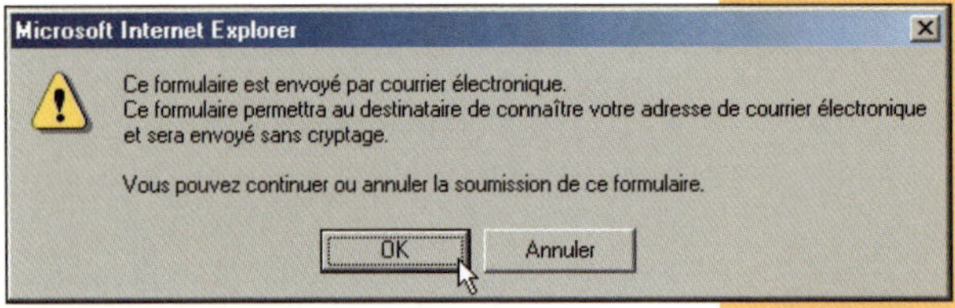

4 Dès que l'internaute clique sur le bouton d'envoi, le contenu du formulaire est transféré au programme CGI. Si ce même contenu doit être expédié par e-mail, un message prévient l'utilisateur.

Vous avez pu constater que la construction de formulaires en (X)HTML n'avait rien de compliqué. La fonction remplie par les formulaires sur un site est loin d'être négligeable.

INFO

Création manuelle de formulaires

Vous travaillez avec des éditeurs HTML comme FrontPage, GoLive ou Dreamweaver ? Vous élaborez votre page d'accueil avec Word ? Si tel est le cas, optez pour une élaboration manuelle de vos formulaires. L'apprentissage de la logique de construction des formulaires dans ces programmes exigera plus de temps que la définition manuelle. Le code HTML défini par ces programmes est certes correct mais, lors de l'insertion sur la page, chaque programme suit sa propre philosophie, qu'il n'est pas toujours facile de comprendre.

Boutique en ligne : mise en forme parfaite avec des tableaux

Que diriez-vous d'un texte affiché sur plusieurs colonnes ? Voulez-vous disposer de bordures de pages ? Souhaitez-vous une mise en page précise ? Désirez-vous un positionnement exact de vos images ? Il faut en effet savoir que dans le cadre d'une utilisation du langage HTML courant, sans feuilles de styles, le navigateur affiche vos pages comme bon lui semble, sans toujours tenir compte de votre propre mise en page.

Les feuilles de styles n'étant gérées que par les dernières versions de navigateurs, vous n'êtes jamais certain que les caractéristiques d'affichage de votre site seront respectées.

C'est l'une des raisons qui ont très tôt incité certains designers a avoir recours aux tableaux, pour mettre en forme des sites web. Utilisez à votre tour les avantages des tableaux, visibles ou invisibles.

Nous allons étudier dans ce chapitre le positionnement et l'alignement précis d'éléments, dans des cellules de tableaux. La figure suivante représente l'exemple sur lequel se fondent nos explications :

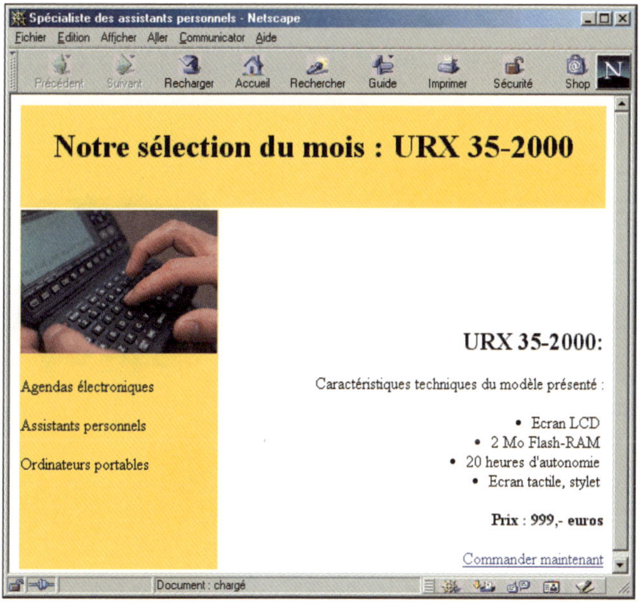

Construire un tableau

Vous avez envie d'apprendre à disposer des objets dans des tableaux invisibles ? Les avantages de cette mise en forme sont en effet nombreux.

Mais, avant d'organiser textes et graphiques sur votre page web, il est nécessaire de bien comprendre les bases de la construction de tableaux en HTML. Prenez le temps de lire ces informations élémentaires.

1 Avant de travailler avec des tableaux, la connaissance de ces règles s'impose :

- Les tableaux sont délimités par les balises `<table>` et `</table>`.
- Chaque ligne du tableau (`table row`) est encadrée par les balises `<tr>` et `</tr>`.
- Une cellule (`table data`) est définie par `<td></td>`.

Prenons un exemple concret :

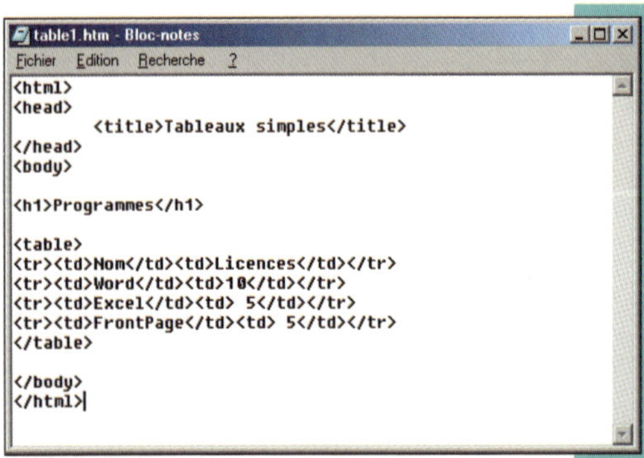


```
<html>
<head>
        <title>Tableaux simples</title>
</head>
<body>

<h1>Programmes</h1>

<table>
<tr><td>Nom</td><td>Licences</td></tr>
<tr><td>Word</td><td>10</td></tr>
<tr><td>Excel</td><td> 5</td></tr>
<tr><td>FrontPage</td><td> 5</td></tr>
</table>

</body>
</html>
```

2 Ce premier exemple de tableau est fondé sur un listing très simple. La figure représente le document HTML correspondant, dans son intégralité.

3 Le tableau est créé par `<table>`. Chaque ligne est introduite par les balises `<tr></tr>`.

4 Le contenu des cellules est délimité par `<td></td>`. Rien de bien compliqué !

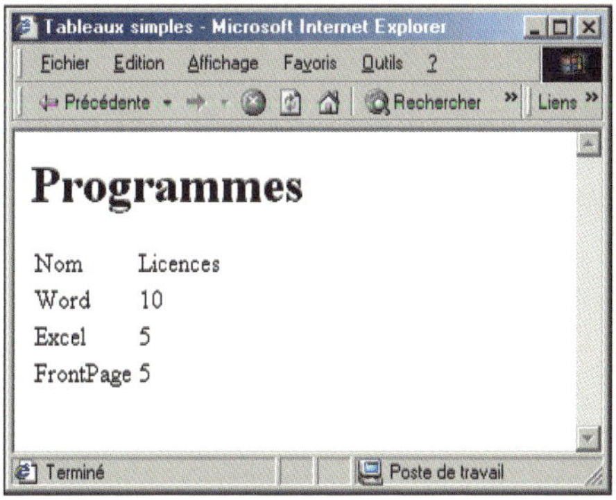

5 Le résultat s'affiche dans la fenêtre du navigateur. Malgré la simplicité du tableau, il vous a permis de bien en comprendre les principes.

Mettre en forme et compléter les tableaux

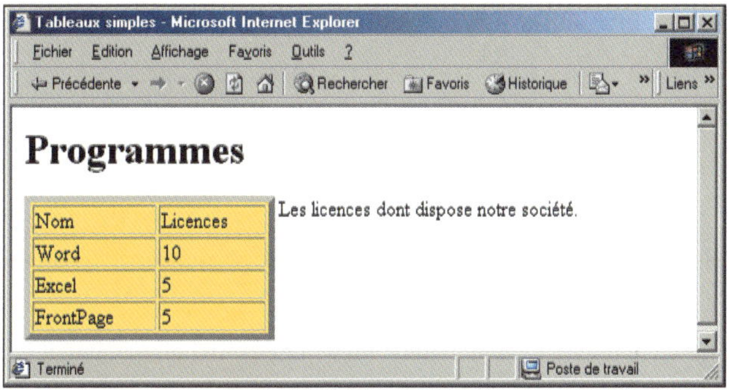

Le tableau ne présente aucune originalité pour l'instant. Dotez cet élément de bordures, d'effets 3D, d'une couleur d'arrière-plan par exemple, et vous verrez que l'ensemble s'intégrera facilement dans votre page.

Les explications suivantes détaillent les différentes options de mises en forme relatives aux tableaux.

1 Le tableau ne dispose d'aucune ligne de bordure. Si cette option vous intéresse néanmoins, ajoutez simplement l'attribut `border` dans la balise `<table>`. La valeur de cet attribut correspond à la taille de la ligne de bordure, en pixels. L'instruction suivante permet d'affecter au tableau des lignes de bordures classiques.

```
<table border="1">
```

2 Si du texte doit être placé autour du tableau, procédez comme pour les images. Placez l'attribut `align` dans la balise `<table>`. Le texte serait ainsi placé à droite du tableau.

```
<table border="1" align="left">
```

3 Par défaut, la largeur des cellules d'un tableau ne dépasse pas la valeur maximale de la plus étendue d'entre elles. La gestion individuelle de la largeur du tableau s'effectue par le biais de l'attribut `width`. Précisez la largeur relative en pourcentage (par exemple `80 %`), ou absolue, en pixels (`500`). Le tableau suivant occupe 50 % de la largeur de la fenêtre :

```
<table border="1" width="50%">
```

4 La hauteur d'une cellule peut également être spécifiée grâce à l'attribut `height`. Inscrivez par exemple `height="20"`. Placez cet attribut dans la balise `<td>` ou `<th>` correspondante. Vous fixez ainsi la hauteur de la cellule, et celle de la ligne entière. Les cellules voisines héritent de cette propriété. Nous reviendrons sur cette option lorsque nous aborderons la construction du projet.

5 L'application d'une couleur d'arrière-plan dans votre tableau apportera une touche d'originalité. Utilisez tout simplement l'attribut `bgcolor`. Chaque cellule peut également se voir affecter la couleur de votre choix. Le tableau suivant est coloré en jaune.

```
<table border="1" width="50%"
bgcolor="yellow">
```

6 Les valeurs inscrites sur la première ligne du tableau doivent servir de titres aux colonnes. Il est donc logique de les centrer et de les rehausser en gras. Remplacez dans ce cas <td></td> (table data) par <th></th> (table head, en-tête de tableau). Cette balise permet de mettre la première ligne en valeur. Inscrivez par exemple :

```
<tr><th>Nom</th><th>Licences
</th></tr>
```

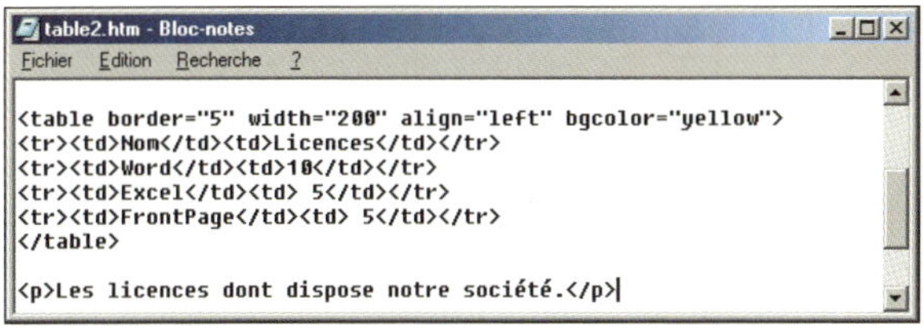

```
<table border="5" width="200" align="left" bgcolor="yellow">
<tr><td>Nom</td><td>Licences</td></tr>
<tr><td>Word</td><td>10</td></tr>
<tr><td>Excel</td><td> 5</td></tr>
<tr><td>FrontPage</td><td> 5</td></tr>
</table>

<p>Les licences dont dispose notre société.</p>
```

Observez le tableau exemple sur la figure précédente, et appréciez les améliorations par rapport à l'original. La largeur de la bordure est de 5 pixels (border="5") et la couleur d'arrière-plan est le jaune (bgcolor="yellow"). La largeur globale est de 200 pixels (width="200"). La figure reprend les passages essentiels du texte source :

INFO

Effet 3D avec les lignes de bordure

Avez-vous remarqué que si vous optiez pour une largeur de bordure supérieure à 1 (par exemple border="5"), vous obteniez un effet 3D, visible dans la plupart des navigateurs ?

Fusionner les cellules

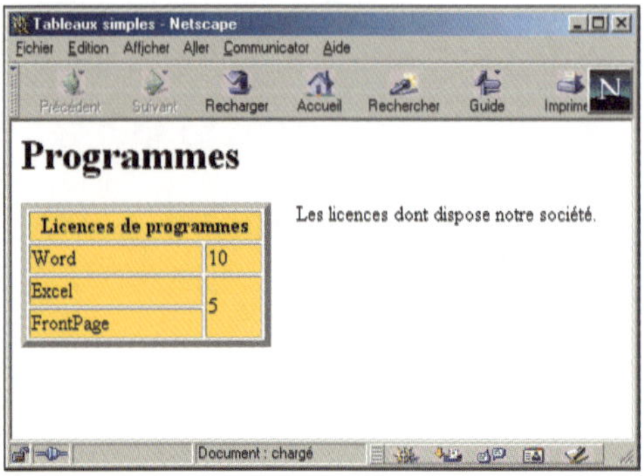

Observons de plus près notre premier tableau exemple. Pour obtenir une mise en page encore plus intéressante, il peut être utile de fusionner certaines cellules. Cette option produit le résultat suivant :

Sur notre tableau exemple, nous avons fusionné les deux cellules supérieures. Les deux cellules inférieures de la colonne de droite ont subi la même modification. Comment construire un tableau de ce type ?

1 Pour fusionner deux ou plusieurs cellules sur une ligne, utilisez l'attribut `colspan`. Avec l'instruction `colspan="2"`, la cellule concernée s'étirera par exemple sur deux colonnes (`column` signifie colonne).

```
<th colspan="2">
```

2 Le pendant de cet attribut est `rowspan`. L'instruction `rowspan="2"` permet à la cellule d'occuper deux lignes (`row` signifie ligne).

```
<td rowspan="2">
```

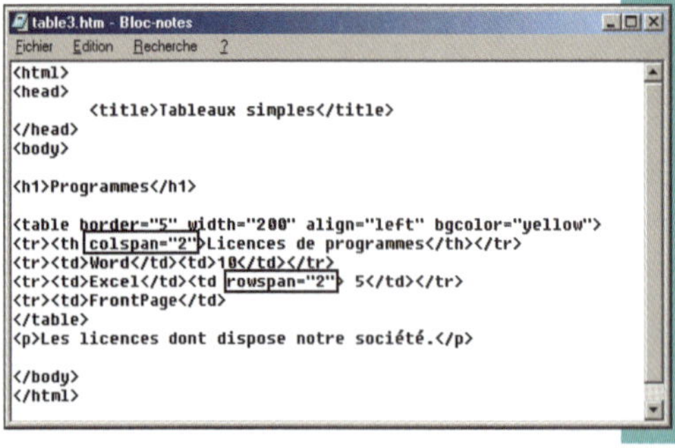


```
<html>
<head>
	<title>Tableaux simples</title>
</head>
<body>

<h1>Programmes</h1>

<table border="5" width="200" align="left" bgcolor="yellow">
<tr><th colspan="2">Licences de programmes</th></tr>
<tr><td>Word</td><td>10</td></tr>
<tr><td>Excel</td><td rowspan="2"> 5</td></tr>
<tr><td>FrontPage</td>
</table>
<p>Les licences dont dispose notre société.</p>

</body>
</html>
```

3 Voici le texte source du document HTML complet. Les passages concernant cette rubrique sont encadrés. N'oubliez pas de supprimer les cellules superflues. Étant donné qu'une cellule s'étire sur deux colonnes, et qu'une autre s'étire sur une ligne supplémentaire, deux cellules sont inutiles sur notre tableau.

La construction de ce modèle de tableau suit une certaine logique. Avant de rédiger le texte source du document, essayez de concrétiser la forme du futur tableau, et de déterminer le nombre de lignes et de colonnes.

Aligner avec précision le contenu des cellules

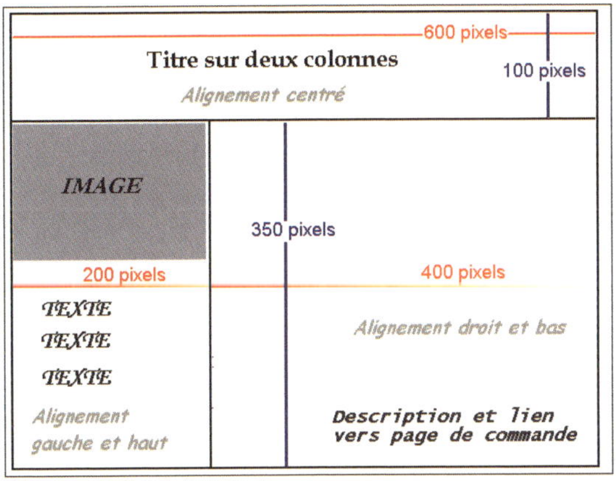

Vous maîtrisez à présent l'essentiel de la construction de tableaux, et nous pouvons donc passer à un niveau de difficulté supérieur. Les explications qui suivent reprennent l'exemple présenté au début de ce chapitre.

Avant de commencer, tracez sur une feuille l'ossature de votre tableau invisible. Ce schéma vous facilitera la construction en HTML.

1 Dessinez votre futur tableau sur une feuille de papier, en spécifiant rapidement son contenu. Déterminez la hauteur et la largeur des différentes cellules. Vous pouvez également déjà réfléchir à l'alignement (gauche, droit, centré, haut, milieu ou bas) du texte.

2 Pour spécifier la hauteur et la largeur, utilisez les attributs déjà étudiés.

- `width`, par exemple `width="100%"` ou `width="200"` ;
- `height`, par exemple `height="300"`.

3 Définissez la hauteur et la largeur dans chaque balise correspondante `<th>` ou `<td>`. Il serait certes plus pratique d'inclure ces attributs dans la balise `<tr>`, mais le navigateur de Netscape ne gère pas correctement cette configuration.

tableau2.htm - Bloc-notes

Fichier Edition Recherche ?

```
<html>
<head>
<title>Spécialiste des assistants personnels</title>
<meta http-equiv="Content-Type" content="text/html; charset=ISO-8559-1" />
</head>
<body>
<table border="0" width="600">
<tr>
<td colspan="2" bgcolor="yellow" width="600" height="100">
        <h1>Notre sélection du mois : URX 35-2000</h1></td>
</tr>
<tr>
<td width="200" height="350" bgcolor="yellow" >
<img src="palmtop.gif" width="200" height="140" border="0" alt="URX 35-2000" />
        <p>Agendas électroniques</p>
        <p>Assistants personnels</p>
        <p>Ordinateurs portables</p>
</td>
<td width="400" height="350" >
<h2>URX 35-2000:</h2>
<p>Caractéristiques techniques du modèle présenté :</p>
<ul>
        <li>Ecran LCD</li>
        <li>2 Mo Flash-RAM</li>
        <li>20 heures d'autonomie</li>
        <li>Ecran tactile, stylet</li>
</ul>
<p><b>Prix : 999,- euros</b></p>
<p><a href="commande.htm">Commander maintenant</a></p>

</td>
</tr>
</table>
</body>
</html>
```

4 La figure présente le texte source du document proposé en début de chapitre. Nous allons étudier les différentes lignes dans le détail.

5 La page a été optimisée pour une résolution écran de 640 x 480. Le tableau mesure 600 pixels de largeur, et 450 pixels de hauteur. Nous avons intégré une image de 200 x 140 pixels dans la cellule gauche de la rangée inférieure.

6 L'indication `width` dans la balise `<table>` (`width="600"`) garantit une largeur stable du tableau.

7 La première ligne s'étire sur deux colonnes (`colspan="2"`). Elle mesure 600 pixels de largeur (`width="600"`), et 100 pixels de hauteur (`height="100"`). La couleur de l'arrière-plan est ici le jaune (`bgcolor="yellow"`).

8 La cellule suivante mesure 200 x 350 pixels. Le jaune a été adopté de nouveau pour la couleur d'arrière-plan. La cellule voisine fait 400 x 350 pixels. La précision de la hauteur n'est pas indispensable, puisqu'elle est héritée de la cellule gauche.

Aligner le contenu des cellules avec align et valign

Le document HTML précédent nous a permis d'obtenir ce tableau.

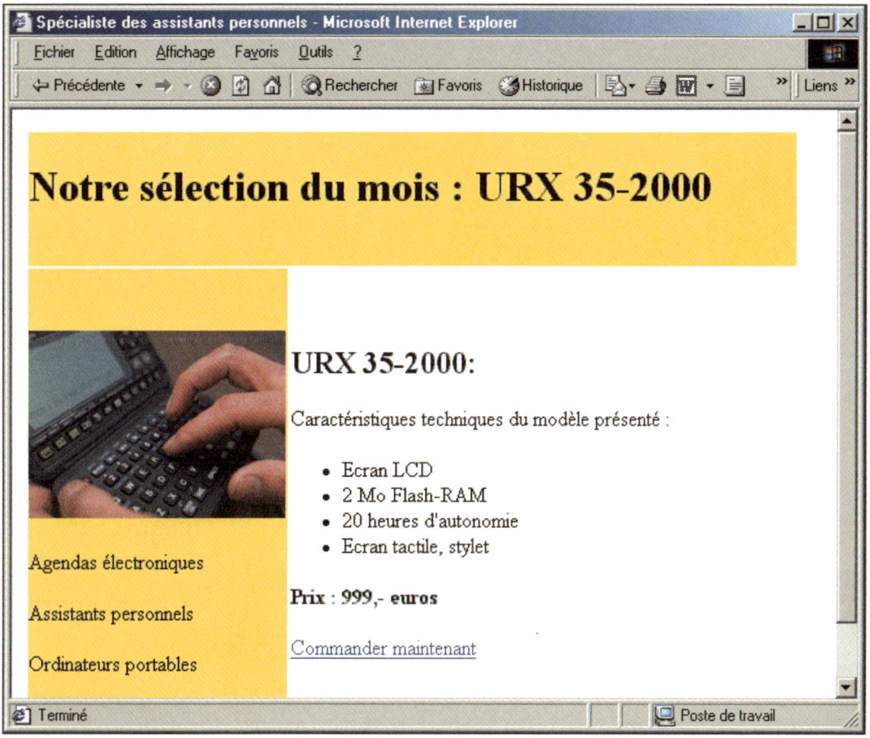

Une différence à noter, par rapport à la première figure en début de chapitre : le contenu des cellules est aligné à gauche. L'alignement vertical doit en outre être modifié.

Notez que les deux variantes `align="left"` (aligné à gauche) et `valign="middle"` (centré) sont les paramètres d'alignement appliqués par défaut au contenu des cellules.

Pour modifier cette configuration, et obtenir le résultat souhaité, utilisez d'autres attributs.

1 Les valeurs acceptées par l'attribut `align` sont `left` (gauche, par défaut), `center` (centré) ou `right` (droit). Pour aligner à droite le contenu de la cellule, inscrivez :

```
align="right"
```

2 L'alignement vertical est géré par l'attribut `valign`. Les valeurs admises par cet attribut sont `middle` (centre, par défaut), `top` (haut) ou `bottom` (bas). Pour coller le contenu de la cellule à la bordure supérieure de la cellule, inscrivez :

```
valign="top"
```

3 Ces précisions doivent vous permettre d'organiser correctement le contenu de chaque cellule. La figure suivante affiche le texte source modifié et complété.

tableau.htm - Bloc-notes

Fichier Edition Recherche ?

```
<table border="0" width="600">
<tr>
<td colspan="2" bgcolor="yellow" width="600" height="100" align="center">
<h1>Notre sélection du mois : URX 35-2000</h1></td>
</tr>
<tr>
<td width="200" height="350" bgcolor="yellow" valign="top">
<img src="palmtop.gif" width="200" height="140" border="0" alt="URX 35-2000" />
        <p>Agendas électroniques</p>
        <p>Assistants personnels</p>
        <p>Ordinateurs portables</p>
</td>
<td width="400" height="350" align="right" valign="bottom">
<h2>URX 35-2000:</h2>
<p>Caractéristiques techniques du modèle présenté :</p>
<ul>
        <li>Ecran LCD</li>
        <li>2 Mo Flash-RAM</li>
        <li>20 heures d'autonomie</li>
        <li>Ecran tactile, stylet</li>
</ul>
<p><b>Prix : 999,- euros</b></p>
<p><a href="commande.htm">Commander maintenant</a></p>
</td>
</tr>
</table>
```

4 Le titre de la première cellule est centré (`align="center"`).

5 Le contenu de la cellule gauche de la deuxième rangée est collé à la bordure supérieure (`valign="top"`).

6 Le texte compris dans la cellule de droite est placé à droite (`align="right"`), et en bas (`valign="bottom"`).

Si vous avez suivi toutes ces explications, l'aspect final de votre tableau doit être proche de celui présenté au début du chapitre.

INFO

Le tableau s'adapte à la largeur de la fenêtre du navigateur

Une dernière astuce pour terminer : revenons à l'instruction `width` **de la balise** `<table>`**. Cette information est essentielle, dans la mesure où elle garantit la largeur du tableau entier. Elle a donc plus de valeur que les indications de chaque cellule du tableau. Si vous supprimez cette instruction** `width` **de la balise** `<table>`**, le tableau conserve sa taille tant que la fenêtre du navigateur est plus large. Dès que le lecteur réduit la fenêtre du navigateur, la largeur du tableau est automatiquement modifiée, même si la première cellule du tableau est dotée de la valeur** `width="600"` **!**

Intégrer parfaitement un logo à l'aide de cadres

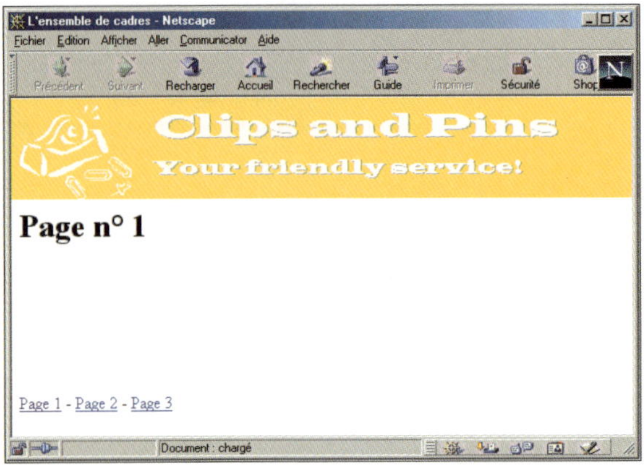

Les cadres permettent principalement de présenter plusieurs documents sur une même page web. À cet effet, la fenêtre du navigateur est divisée en volets, appelés cadres. Ces derniers, extrêmement pratiques, facilitent la navigation aux internautes, en leur proposant par exemple un menu fixe dans l'un d'eux. Ils permettent en outre de disposer un logo à une position bien définie de l'écran.

Pour illustrer cette configuration, voici un premier exemple. La page web ci-dessus est divisée en trois zones :

> **INFO**
>
> **Travaillez avec les cadres**
>
> **Actuellement, la plupart des programmes d'affichage gèrent ces "cadres de fenêtres". Netscape Navigator fut le premier à les interpréter, dès la version 2. Internet Explorer les reconnaît quant à lui depuis la version 3. Ces cadres, ou "frames", développés à l'origine par Netscape, font d'ailleurs partie du standard HTML officiel depuis 1997/1998.**

Planifier la construction des cadres

La construction de cadres n'a rien de compliqué. Même si vous êtes habitué à utiliser votre éditeur de sites web, nous vous incitons à y renoncer pour l'élaboration des cadres.

Les programmes comme FrontPage ou GoLive ne sont pas indispensables pour cette tâche. La définition manuelle de ces volets de pages vous demandera en effet moins de temps que l'apprentissage des fonctions de n'importe quel éditeur de cadres.

Il est en revanche conseillé de réfléchir à la future construction, avant de se lancer dans la saisie du texte source.

Réfléchir à la division de la page

Avant de démarrer la construction de l'exemple affiché en début de chapitre, il est préférable de se fixer un objectif modeste. Le premier exercice a pour but de définir une page en deux parties. Le volet de gauche accueillera le menu de navigation.

Les pages de contenus seront affichées dans la zone de droite, le cadre principal. Cette section est consacrée à la préparation de la structure de votre site, une phase essentielle pour une construction efficace.

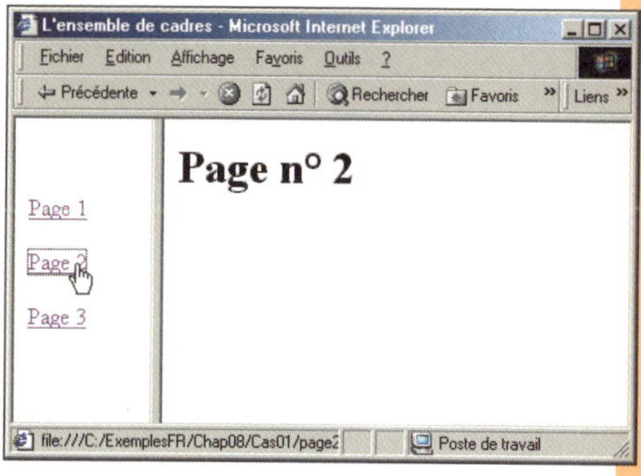

1 Sur cette figure, nous observons une page dotée, à gauche, d'un volet de 100 pixels de large. La largeur de la partie droite de la fenêtre peut varier en fonction de la taille de l'écran. Trois documents différents doivent s'afficher dans cette zone. Le nombre de pages nécessaires est donc jusqu'ici de quatre.

2 À ces quatre documents affichés, il convient d'en ajouter un autre, qui les organise. Cette page est désignée par l'expression *Ensemble de cadres*. Pour cet exemple, vous devez donc disposer de cinq pages. La première phase est consacrée à la définition des quatre documents ordinaires. Trois seront affichés dans le volet principal, tandis que le quatrième fera office de menu de navigation.

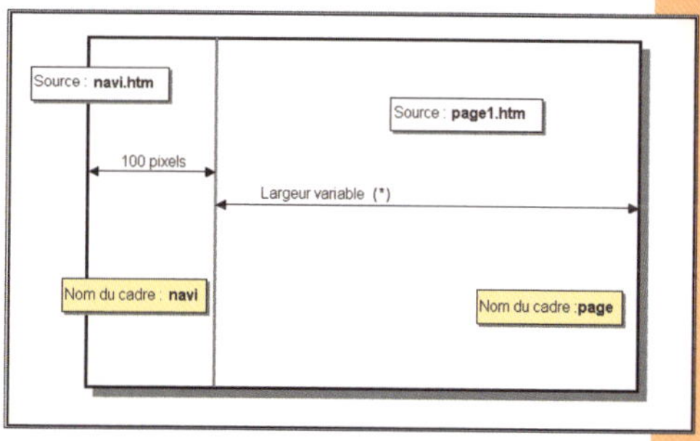

3 Prenez une feuille de papier, et dessinez l'ossature générale de votre page. La fenêtre doit-elle être divisée en colonnes (`columns`) ou en lignes (`rows`) ? Réfléchissez déjà à la largeur (et à la hauteur) des différents volets. Spécifiez ensuite les documents à afficher dans telle ou telle partie de la fenêtre.

4 Nous avons opté pour des colonnes. La zone de gauche affichera par exemple la page *navi.htm*. Le document présenté initialement dans le cadre principal (volet droit) s'appelle *page1.htm* (il cédera ensuite la place aux fichiers *page2.htm* et *page3.htm*).

5 Attribuez à présent des noms à chacun des volets de la fenêtre. Ces noms sont indispensables pour la construction du jeu de cadres. Dans notre exemple, le cadre de navigation s'appelle `navi`, et le cadre principal `page`. L'esquisse de ces cadres va vous simplifier le travail ultérieur.

Préparer les documents pour l'ensemble de cadres

Créez tout d'abord les quatre documents HTML ordinaires. Nous définirons ultérieurement l'ensemble de cadres.

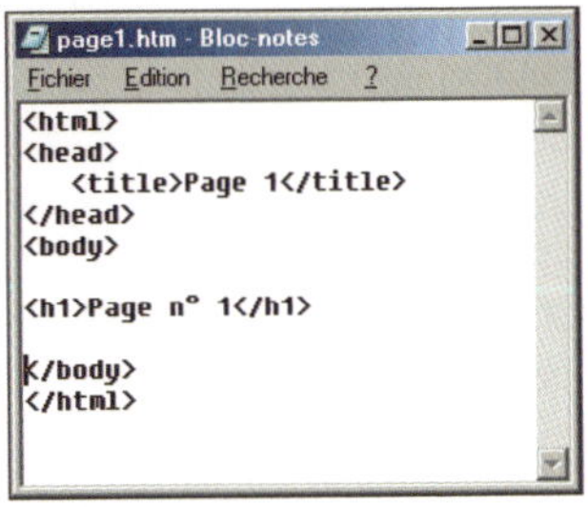

1 La première opération consiste à définir les trois documents destinés à s'afficher dans le cadre principal. Il s'agit de trois pages HTML toutes simples, différenciées par leur titre et le nom du fichier. Nous avons nommé ces documents *page1.htm*, *page2.htm* et *page3.htm*. Voici par exemple le texte source de *page1.htm*.

2 Les deux autres pages désignées par *page2.htm* et *page3.htm* sont fondées sur le même gabarit.

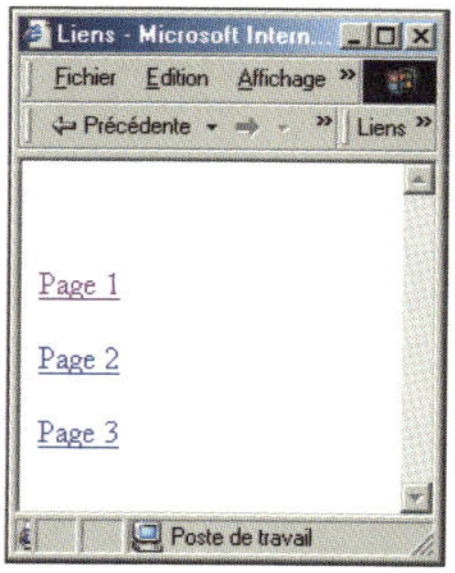

3 Définissez maintenant la page des liens, la barre de navigation. Sachant qu'elle sera affichée dans un volet de 100 pixels de large, les désignations des liens ne doivent pas être trop longues.

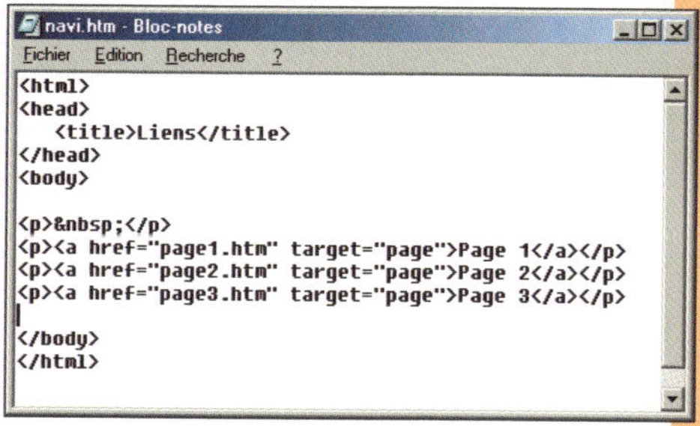

4 Voici le texte source de ce document nommé *navi.htm*. Sur le principe, il s'agit de liens normaux, complétés par l'instruction (obligatoire) `target="page"`. Vous spécifiez ainsi le cadre dans lequel la page principale doit être affichée.

5 Si vous ne spécifiez pas le cadre cible du lien, le document sera tout simplement chargé dans le volet de la barre des liens (dans notre cas, dans l'étroit cadre de gauche !). Ce n'est bien sûr pas notre objectif.

6 C'est la raison pour laquelle il est indispensable de doter chaque cadre d'un nom spécifique.

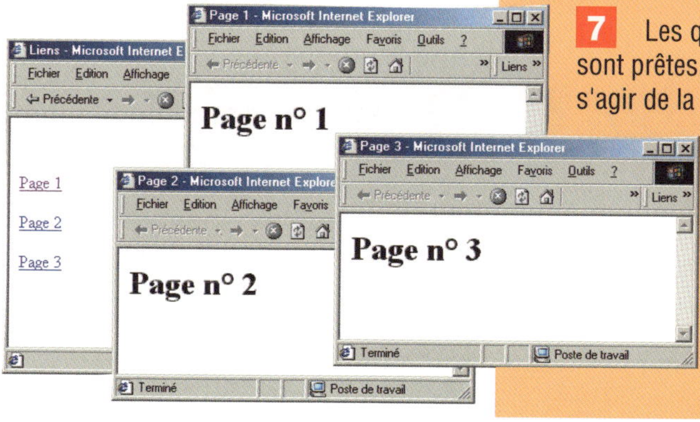

7 Les quatre premières pages sont prêtes. Pour résumer, doit s'agir de la page des liens, et des trois documents à afficher à droite.

L'élaboration des quatre pages étant terminée, il nous reste à étudier la façon de les réunir et de les organiser dans la fenêtre.

Diviser la page en cadres

Cette section est consacrée à la définition de l'ensemble de cadres, qui indique au navigateur comment diviser le document en volets.

> **INFO**
>
> **Le jeu de cadres est un document HTML sans "corps"**
>
> **Ce fichier est le document qui précise la division des pages. Il est chargé le premier, mais la page n'est pas directement affichée. Un ensemble de cadres est (normalement) un document HTML, sans la partie encadrée par les balises** `<body>` **et** `</body>`**.**

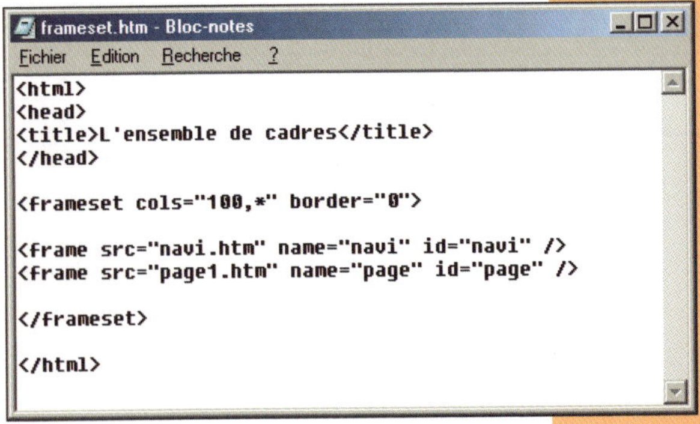


```
<html>
<head>
<title>L'ensemble de cadres</title>
</head>

<frameset cols="100,*" border="0">

<frame src="navi.htm" name="navi" id="navi" />
<frame src="page1.htm" name="page" id="page" />

</frameset>

</html>
```

1 La figure représente le document HTML complet. N'oubliez pas de l'enregistrer. Le document exemple est intitulé `frameset.htm`. Nous allons revenir, étape par étape, sur les éléments qui le composent.

2 Le document est introduit comme un fichier HTML habituel. Nous avons vu en revanche qu'il ne comportait pas de zone `<body>`.

3 L'ensemble de cadres est délimité par les balises `<frameset> </frameset>`. Vous devez spécifier si le document doit être divisé en lignes (`rows`) ou en colonnes (`cols`). Nous avons opté dans notre exemple pour des colonnes. Elles sont au nombre de deux. La valeur 100 (pixels) correspond à la largeur de la première, alors que l'astérisque indique

que la largeur du cadre est variable, et pourra donc s'adapter à celle de la fenêtre du navigateur.

```
<frameset cols="100,*"
border="0">
```

4 Les cadres sont définis, mais il vous reste à préciser leur futur contenu. Commençons par celui de gauche :

```
<frame src="navi.htm" name="navi"
 id="navi" />
```

5 Cette instruction révèle le nom du document chargé dans ce cadre. Le dernier est également doté d'un nom. Nous avons ajouté l'attribut `id`, qui a tendance à remplacer `name` en XHTML. Pour des raisons de compatibilité, il est préférable de conserver les deux attributs. Les deux valeurs doivent en revanche être identiques. Notez que la balise `<frame />` doit être fermée en interne.

6 Le cadre principal doit également afficher un document. L'attribution d'un nom est essentielle.

```
<frame src="page1.htm" name="page"
id="page" />
```

7 N'oubliez pas de fermer l'ensemble de cadres avec la balise `</frameset>`. La "définition de cadres" est terminée.

```
</frameset>
```

INFO

Pensez aux utilisateurs d'anciens navigateurs

Il est de bon ton de ne pas négliger les utilisateurs disposant d'anciennes versions de navigateurs ; ceux-ci ne gèrent en effet pas les cadres. Pour remédier à un éventuel problème d'affichage, utilisez les balises `<noframes></noframes>`**, que vous placez dans l'ensemble de cadres. Le texte inclus entre ces balises ne sera lu que par les navigateurs inaptes à afficher les cadres. Si vous le souhaitez, vous pouvez donc ajouter les lignes suivantes entre la dernière balise** `<frame />` **et** `</frameset>` **:**

```
<noframes>
Votre navigateur ne peut malheureusement pas afficher les  cadres.
</noframes>
```

Des lignes à la place des colonnes

Dans l'exemple qui suit, nous avons opté pour une division horizontale de la fenêtre, et non plus verticale, avec des colonnes. La barre des liens doit être ancrée dans la partie inférieure de la fenêtre du navigateur. Ce volet doit mesurer 60 pixels de hauteur.

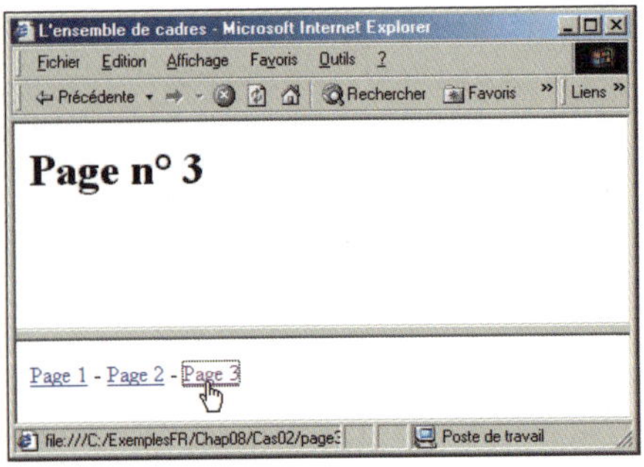

1 La figure vous permet de visualiser le résultat final. Vous allez voir que cette construction répond à la même logique que la précédente. Il suffit de modifier un détail dans l'ensemble de cadres, et dans le document *navi.htm* bien sûr.

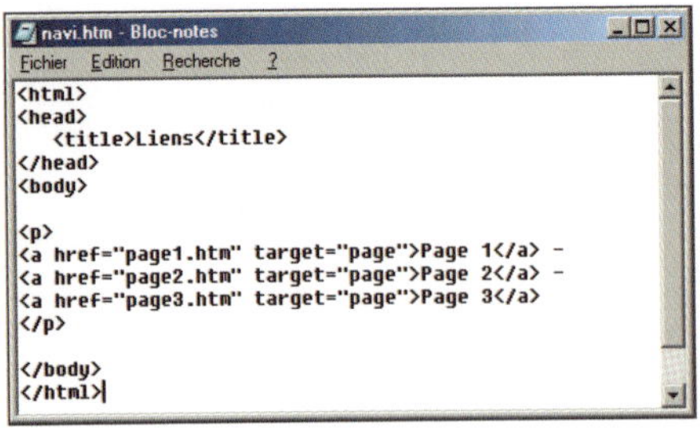


```
<html>
<head>
   <title>Liens</title>
</head>
<body>

<p>
<a href="page1.htm" target="page">Page 1</a> -
<a href="page2.htm" target="page">Page 2</a> -
<a href="page3.htm" target="page">Page 3</a>
</p>

</body>
</html>
```

2 Voici le texte source modifié du document *navi.htm*. Il vous suffit d'effacer les marques de paragraphes superflues, de façon à aligner les liens.

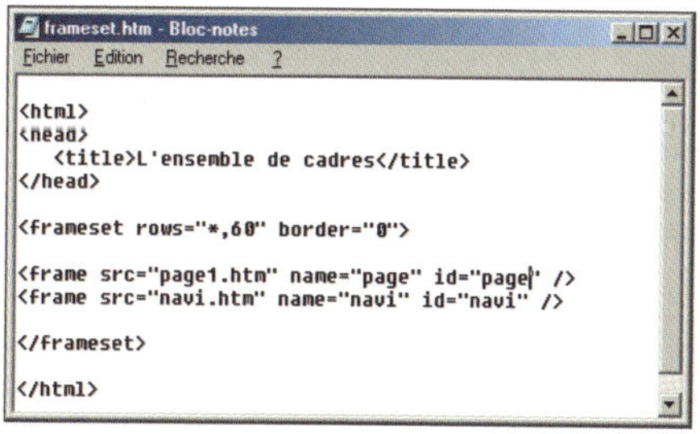

3 La figure ci-contre représente le texte source du jeu de cadres modifié.

4 Le remplacement de cols par l'attribut rows est la seule modification apportée au fichier. Les fenêtres devant être chargées de haut en bas, inscrivez :

```
rows="*,60"
```

5 Les deux lignes suivantes permettent le chargement du document supérieur, puis du document inférieur, soit la barre de navigation.

```
<frame src="page1.htm" name="page" id="page" />
<frame src="navi.htm" name="navi" id="navi" />
```

Gérer individuellement l'affichage des cadres

Nous allons voir dans cette section qu'il est possible de gérer l'affichage des cadres par le biais d'attributs.

Vous pouvez, par exemple, masquer les barres de défilement, ou empêcher les internautes de modifier la taille des cadres. Il est possible de positionner précisément le contenu par rapport aux bordures.

Nous allons étudier ci-dessous les attributs essentiels et leurs valeurs.

Ces connaissances sont nécessaires pour élaborer notre "superprojet", dans lequel un logo occupe le volet supérieur.

Masquer les bordures

L'ajout de l'attribut border="0", déjà étudié dans un précédent chapitre, dans la balise <frameset> a pour effet de masquer la bordure du cadre. Si vous ne complétez pas la balise <frameset> par cet attribut, tous les navigateurs afficheront par défaut une fine ligne de bordure.

1 Cette méthode fonctionne également avec les nouveaux navigateurs, par exemple avec Internet Explorer 4, 5 ou Netscape Navigator 4. Internet Explorer 3 affiche néanmoins encore une ligne de séparation assez épaisse, entre les cadres.

2 Si cette configuration par défaut ne vous convient pas, complétez la ligne avec l'attribut `frameborder="0"` et `framespacing="0"` (ne faisant pas partie du standard officiel). Inscrivez par exemple :

```
<frameset cols="100,*" border="0" frameborder="0" framespacing="0">
```

Netscape Navigator 2 fut certes le premier navigateur à pouvoir afficher les cadres ; mais il n'est pas capable de désactiver l'affichage des lignes de cadres. L'utilisation de cette version de navigateur est toutefois de moins en moins courante.

Afficher ou masquer les barres de défilement

Vous avez peut-être déjà remarqué que les barres de défilement sont automatiquement activées, dès lors que le contenu du document ne peut pas être affiché en intégralité dans le cadre.

Ces barres activées par défaut sont utiles, pour visualiser le bas d'un document par exemple.

1 Vous souhaitez afficher ces barres de défilement dès le chargement de votre document ? Vous préférerez au contraire les masquer ? Utilisez dans ce cas les attributs `scrolling="no"` ou `scrolling="yes"`.

2 Pour désactiver durablement les barres de défilement, inscrivez :

```
<frame src="navi.htm" name="navi" id="navi" scrolling="no" />
```

3 Le paramètre par défaut est `scrolling="auto"` ; il active les barres dès que leur présence s'impose.

INFO

Attention, lorsque vous masquez les barres de défilement !

Vous optez pour la solution `scrolling="no"` ? Vérifiez dans ce cas que votre page fonctionne même avec une résolution d'écran réduite à 640 x 480 pixels. Quelle serait l'utilité de la barre de navigation si l'internaute ne peut pas accéder à certains liens ou informations. Le paramètre `scrolling="no"` est idéal pour un logo à placer dans un cadre non modifiable. Dans ce cas, les barres de défilement seraient superflues, voire gênantes.

La taille du cadre ne peut pas être modifiée

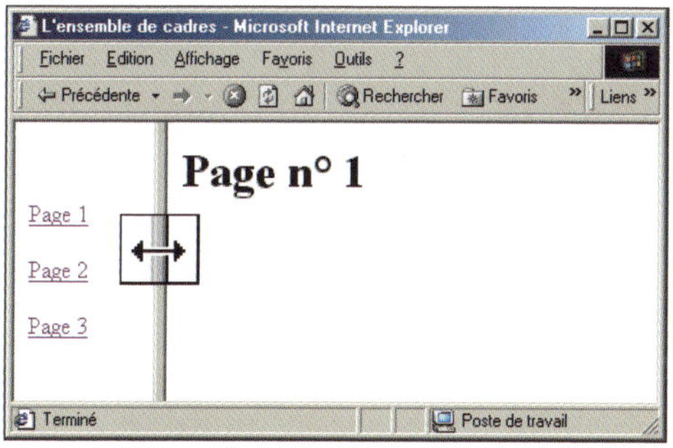

Une barre de séparation est visible entre deux cadres ? L'internaute peut dans ce cas modifier à son gré la taille des cadres.

Il lui suffit pour cela de placer la souris sur cette barre, et de la faire glisser jusqu'à la position souhaitée, tout en maintenant le bouton gauche de la souris appuyé.

1 Vous préférez empêcher l'internaute de modifier la taille du cadre avec la souris, c'est-à-dire bloquer la variante `"resize"` ?

2 Ajoutez simplement l'attribut `noresize="noresize"` dans la balise `<frame>` correspondante. Cette instruction empêche toute modification de taille. Voici un exemple :

```
<frame src="navi.htm" name="navi" id="navi" scrolling="no" ↵
noresize="noresize" />
```

3 Dans le cas de bordures de fenêtres invisibles, cet attribut n'est toutefois pas nécessaire, puisque la modification du cadre est impossible.

Espace entre bordure et contenu de cadre

Le contenu d'un cadre n'est généralement pas ancré exactement contre les bordures du volet d'accueil. En fonction du type de navigateur, vous constatez la présence à gauche, à droite, en bas et en haut, d'une marge plus ou moins importante. Cet espace ajouté par défaut n'est pas toujours souhaité, notamment dans une mise en page exigeant de la précision.

INFO

Cadres dans Internet Explorer et dans Netscape

Internet Explorer 5 laisse, en haut, un espace de 15 pixels, et à gauche, un espace de 9 à 10 pixels. Le navigateur de Netscape version 4.x se contente d'une marge en haut et à gauche de 8 pixels.

1 Vous avez besoin de définir avec précision les marges encadrant le contenu du cadre ? Placez les attributs `marginwidth` et `marginheight` dans la balise `<frame />`.

2 Les données sont indiquées en pixels. Les valeurs vont par paires :

- `marginwidth` contrôle les marges gauche et droite ;
- `marginheight` gère les marges supérieure et inférieure.

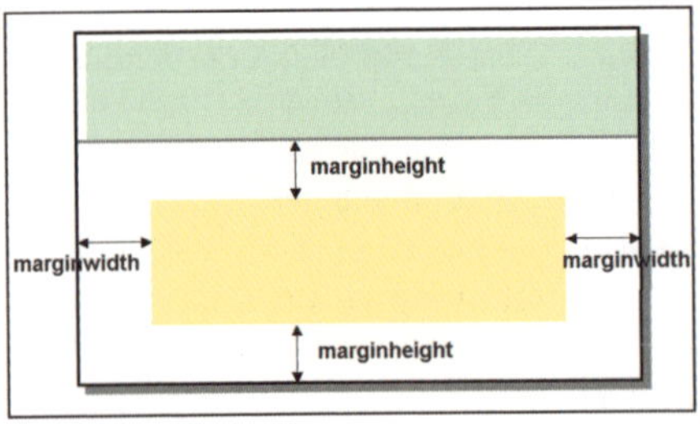

3 Dans l'exemple suivant, le contenu du cadre (par exemple une image) est positionné exactement à 12 pixels des bordures inférieure et supérieure du cadre.

```
<frame src="image.gif" name="navi" id="navi" scrolling="no" ↵
noresize="noresize" marginheight="12" />
```

4 Il est plus intéressant de savoir comment supprimer cette marge. Inscrivez simplement `marginwidth="0"` et `marginheight="0"`. Le dessin intégré dans l'exemple suivant est positionné exactement contre les bordures supérieure et gauche.

```
<frame src="logo.gif" name="logo" id="logo" scrolling="no" ↵
marginwidth="0" marginheight="0" />
```

5 Notez que Netscape Navigator 4.x dispose une marge incompressible de 1 pixel. Impossible de la supprimer.

Placer le logo : une fenêtre en trois parties

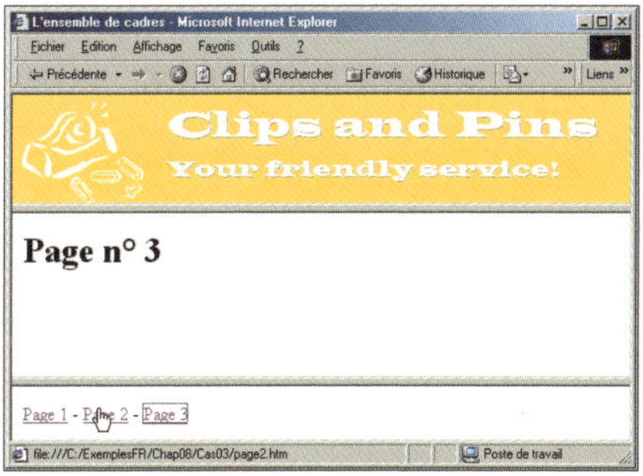

Revenons à présent à l'exemple principal du chapitre, la fenêtre en trois parties, comprenant un logo. Alors que le contenu du cadre central change, l'image reste toujours à la même place.

Pour matérialiser cette construction, nous avons temporairement affiché les lignes des cadres.

Comme vous le constatez, l'image occupe un volet entier.

1 L'image exemple s'appelle *logo.gif* et mesure 1.030 pixels de longueur, par 120 de hauteur. L'image peut être plus longue, de sorte que les utilisateurs ayant opté pour une résolution écran élevée ne voient pas d'espace blanc à droite.

2 Pensez néanmoins aux internautes qui ne disposeraient que de petits écrans. Il est préférable que la longueur du logo ne dépasse pas 600 pixels.

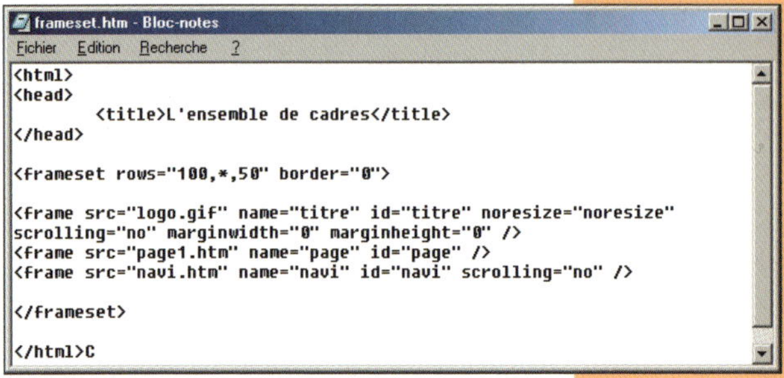
frameset.htm - Bloc-notes
Fichier Edition Recherche ?

```
<html>
<head>
        <title>L'ensemble de cadres</title>
</head>

<frameset rows="100,*,50" border="0">

<frame src="logo.gif" name="titre" id="titre" noresize="noresize"
scrolling="no" marginwidth="0" marginheight="0" />
<frame src="page1.htm" name="page" id="page" />
<frame src="navi.htm" name="navi" id="navi" scrolling="no" />

</frameset>

</html>C
```

3 Pour les autres fichiers, vous gagnerez du temps en reprenant les documents présentés dans l'exemple précédent. La figure représente le texte source intégral de l'ensemble de cadres.

4 La fenêtre du navigateur doit être divisée en trois volets horizontaux, ce qui implique l'emploi de `rows`. Le volet supérieur mesure 100 pixels de hauteur, et le cadre inférieur 50 pixels. La taille du volet central peut varier. Désactivez les lignes de cadres, grâce à l'attribut `border="0"`.

```
<frameset rows="100,*,50" border="0">
```

5 Déterminez maintenant, du haut vers le bas, les fichiers destinés à être présentés dans chaque volet. Commencez par le logo placé en haut. L'image est plus grande que le cadre, masquez les barres de défilement avec `scrolling="no"`. Positionnez l'objet graphique contre les bordures supérieure et gauche, par l'intermédiaire des attributs `marginwidth="0"` et `marginheight="0"`. Complétez si nécessaire la ligne par `noresize`.

```
<frame src="logo.gif" name="titre" id="titre" noresize="noresize"
scrolling="no" marginwidth="0" marginheight="0" />
```

6 Reliez maintenant les deux autres fichiers. Vous pouvez masquer la barre de défilement du volet de la barre de navigation, mais il est préférable de laisser cet élément à l'internaute, pour le cadre principal.

```
<frame src="page1.htm" name="page" id="page" />
<frame src="navi.htm" name="navi" id="navi" scrolling="no" />
```

Ces différentes étapes vous ont permis de découvrir la technique du positionnement précis d'objets. Le pixel d'espace laissé par défaut par le navigateur de Netscape passe inaperçu.

Attention piège : cadres et liens hypertextes

Nous avons beaucoup parlé de cadres et de liens d'une page web, mais il n'est pas inutile d'aborder pour terminer un point essentiel : les liens pointant vers l'extérieur de l'ensemble de cadres.

La construction de liens à l'intérieur d'un jeu de cadres est sans doute parfaitement dominée. Elle suppose l'emploi de l'attribut `target="nom du cadre"`.

Et les liens externes ? Il est vrai que nous avons déjà abordé ce sujet, mais la procédure est différente pour les cadres. Admettons que vous orientiez vos lecteurs vers un site externe, avec l'instruction :

```
<a href="http://www.societe.com">Société exemple</a>!
```

Que se passera-t-il dans ce cas ? La page sera chargée dans le cadre où se trouve le lien. Il est néanmoins toujours possible d'orienter le document vers un autre cadre, à l'aide de l'attribut `target="nom du cadre"`. Pour intégrer cette page dans votre ensemble de cadres, inscrivez :

```
<a href="http://www.societe.com" target="page">Société exemple</a>!
```

La page en question sera chargée à l'intérieur de votre ensemble de cadres.

INFO

Attention à "l'encadrement" de pages externes !

Soyez prudent lors de "l'encadrement" de pages externes. L'affichage de contenus étrangers dans votre jeu de cadres peut donner aux lecteurs l'impression qu'il s'agit encore de vos propres pages. Cette procédure n'est autorisée que si vous avec l'accord explicite de l'auteur de ces pages.

Mais revenons à notre problème. Comment afficher des liens hypertextes externes hors des pages de votre jeu de cadres ? Voici la solution :

1 Utilisez l'attribut `target="_top"`, et saisissez par exemple :

```
<a href="http://www.societe.com" target="_top">Société exemple</a>!
```

2 Cette instruction permet de charger le document hors de votre ensemble de cadres. Dans ce cas, l'internaute quitte également votre site, puisque la nouvelle page remplace la vôtre, dans la fenêtre du navigateur.

```
<a href="http://www.societe.com" target="_blank">Société exemple</a>!
```

3 Il existe un compromis entre toutes ces solutions. Inscrivez `target="_blank"` de façon à afficher la page liée dans une fenêtre de navigateur indépendante. Votre page reste alors affichée à l'arrière-plan.

Faire référence à d'autres sites sur Internet fait partie des règles implicites du jeu Internet. Grâce aux valeurs de l'attribut `target`, plusieurs variantes de présentation sont à votre disposition.

Compteur, texte défilant et livre d'or

Que diriez-vous d'ajouter un peu de fantaisie sur votre page d'accueil ? Divers artifices simples à mettre en place sont envisageables : un compteur de visites, un livre d'or, un texte défilant, etc. Ces éléments supposent l'emploi du langage JavaScript. Nous étudierons également la création d'un effet MouseOver raffiné, et la programmation d'un menu déroulant.

Compteur de visites et livre d'or

Placer un compteur ou un livre d'or sur votre site web est un moyen efficace de savoir si vos pages attirent des visiteurs. Ces composants sont des programmes CGI rédigés la plupart du temps en langage Perl.

1 Êtes-vous autorisé à installer des programmes CGI sur le serveur de votre prestataire d'hébergement ?

2 De nombreux fournisseurs de services proposent dans leur formule une liste de compteurs ou de livres d'or, sous forme de "Basic CGI prêts à l'emploi". Renseignez-vous auprès du vôtre, pour connaître ses prestations exactes.

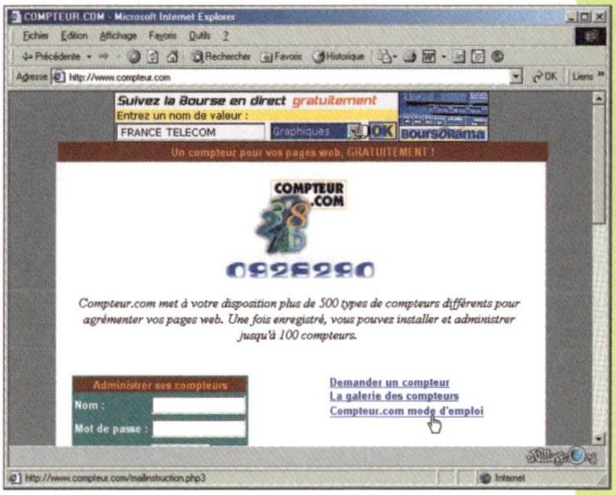

3 Il nous est impossible ici de vous décrire la procédure d'installation de ces programmes, en raison de la diversité des méthodes possibles. Elle diffère d'un prestataire à l'autre. Il est donc préférable de se reporter exclusivement à la procédure d'installation détaillée. Sur le site d'AOL, vous trouverez des astuces relatives à l'installation de compteurs. Le site http://www.compteur.com vous donne également quelques renseignements sur le sujet.

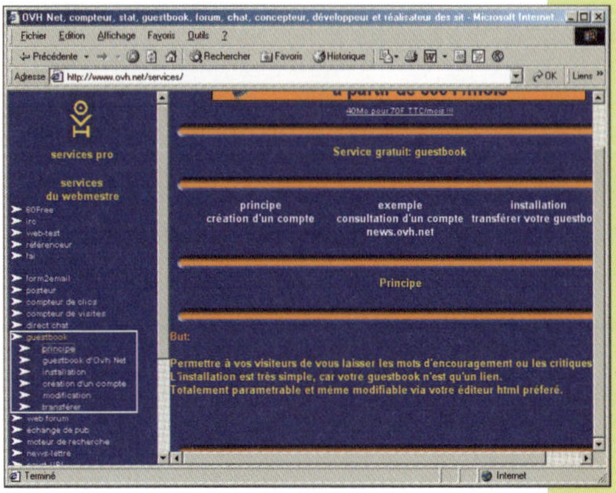

4 Si votre prestataire de services n'est pas en mesure de vous fournir des exem-plaires de compteurs ou de livres d'or, puisez dans les ressources du Web. Vous trouverez des modèles originaux sur `www.digits.com`, `www.compteur.com` ou `www.counter.com`. Le site `www.ovh.net` met des livres d'or (guestbooks) à votre disposition.

5 Un moyen infaillible pour être certain de trouver ce que vous cherchez : les moteurs de recherche. Activez par exemple la page d'accueil du service AltaVista, et tapez le mot clé `compteur`, dans la zone de saisie. Il ne vous reste plus qu'à faire votre choix parmi les sites spécialisés proposés.

INFO

Statistiques de pages

Certains fournisseurs de services Internet incluent dans leurs prestations des statistiques de pages (souvent payantes). Des Logfiles sont mis à votre disposition. Une fois téléchargés, vous pouvez les analyser avec un programme spécial. Cette solution présente l'avantage de fournir une liste de renseignements plus complète, sur les personnes consultant votre site.

Comment créer un texte qui défile

L'introduction de la balise `<marquee>` en HTML a eu lieu sous l'impulsion de Microsoft. Elle permet de créer des bannières défilantes.

INFO

Le texte défilant n'est géré que par Internet Explorer

Notez que l'instruction encadrée par `<marquee></marquee>` **n'est actuellement interprétée que par Internet Explorer. Ce couple de balises appartient certes depuis un certain temps au standard HTML/XHTML officiel, mais le navigateur de Netscape n'est pas en mesure de le gérer. Ce problème est lié à l'ancien conflit entre Netscape et Microsoft, au sujet de leurs navigateurs. Internet Explorer ne gère pas** `<blink></blink>`**, mais cette instruction ne fait pas partie du standard HTML/XHTML officiel.**

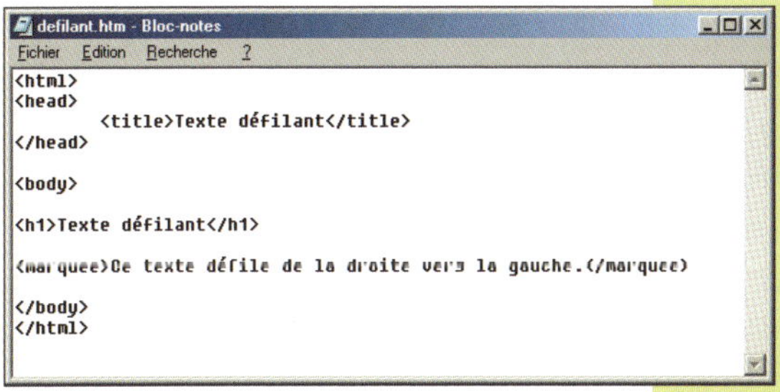


```
<html>
<head>
        <title>Texte défilant</title>
</head>

<body>

<h1>Texte défilant</h1>

<marquee>Ce texte défile de la droite vers la gauche.</marquee>

</body>
</html>
```

1 La définition d'un texte défilant sur une page est fondée sur l'instruction suivante :

```
<marquee>Ce texte défile de  la droite vers la gauche.</marquee>
```

2 La balise `<marquee>` dispose d'une liste importante d'attributs, autorisant des configurations multiples du texte défilant :

Attributs de la balise <marquee>

Balise	Attribut	Valeurs	Description	Exemple
<marquee>			Texte défilant	<marquee>Le texte défile</marquee>
	loop	Chiffre	Nombre de répétitions (infinies par défaut)	<marquee loop="5">5 passages</marquee>
	behavior		Comportement	
		Scroll	Par défaut, simple passage	behavior="scroll"
		Alternate	Va-et-vient	behavior="alternate"
		Slide	Défile puis s'arrête	behavior="slide"
	Direction		Direction du texte	
		Left	Par défaut, vers la gauche	direction="left"

Attributs de la balise <marquee>

Balise	Attribut	Valeurs	Description	Exemple
		Right	Vers la droite	direction="right"
		Down	Vers le bas	direction="down"
		Up	Vers le haut	direction="up"
	Bgcolor	Valeur hexadécimale ou nom de couleur	Valeur d'arrière-plan du texte défilant	bgcolor="yellow"
	Height	Pixels, pourcentage	Hauteur de la bande défilante	height="100"
	Width	Pixels, pourcentage	Largeur de la bande défilante	width="20%"
	Scrolla-mount	Chiffre	Incréments en pixels du déplacement de l'objet	scrollamount="25"
	Scrolldelay	En ms	Durée de la pause entre deux mouvements animés consécutifs, en millisecondes.	scrolldelay="1000"

Effet OnMouseover pour les images

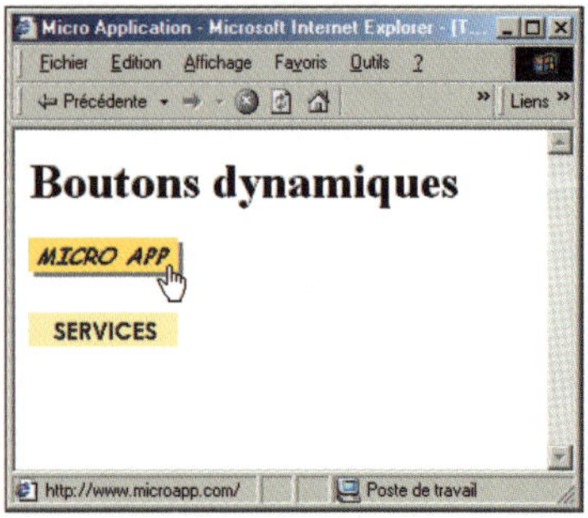

Cet effet ne vous est certainement pas inconnu : lorsque vous faites glisser la souris sur une image, celle-ci est soudain remplacée par une autre. Cet effet est souvent employé pour les boutons dits "interactifs".

Derrière cette configuration, se cache le mot clé `onMouseover`. Lorsque vous éloignez le pointeur de l'image, la première réapparaît : c'est le résultat de l'instruction `onMouseout`.

> **INFO**
>
> **JavaScript**
>
> **Ces mots clés sont issus du langage JavaScript. Il s'agit d'un langage de programmation permettant de rendre interactives les pages web. Pour en savoir plus sur le sujet, consultez l'ouvrage de Micro Application consacré à JavaScript.**

Inutile cependant d'apprendre ce langage pour les seuls besoins d'élaborer l'exemple qui nous intéresse. Nous vous dévoilons ici la marche à suivre.

1 Pour chaque lien "OnMouseover", vous avez besoin de deux images. Les deux fichiers doivent avoir exactement la même taille. Créez ces deux images dans votre programme d'édition graphique. Appliquez les modifications souhaitées sur la seconde image.

2 Nous avons affaire dans notre exemple à deux paires d'images. La première se compose de *data1.gif* et de *data2.gif*, la seconde de *service1.gif* et de *service2.gif*. Dans chaque paire, la seconde image est le résultat de l'effet appliqué à la première.

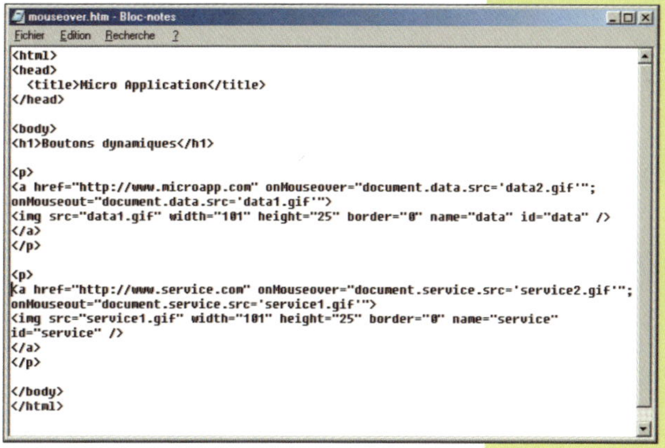

3 Nous allons travailler avec ce que l'on appelle un script inline. Définissez dans un premier temps un lien hypertexte graphique. L'instruction `onMouseover` permet de charger l'image de remplacement. `OnMouseout` veille à ce que l'image d'origine reprenne ensuite sa place. Voici le script complet, intégré dans un document HTML.

4 Reprenons le listing point par point, en commençant par l'image elle-même, ancrée avec la balise `<img>`. C'est le nom qui nous intéresse plus particulièrement (dans notre exemple, `name="data"`, mais pour la compatibilité avec les derniers navigateurs, `id="data"` est plus conforme au XHTML) ! Il est en outre nécessaire de spécifier la largeur et la hauteur de l'image. Ajoutez l'attribut `border="0"`, de façon à supprimer le cadre autour de l'image. Voici la ligne relative à la première image.

```
<img src="data1.gif" width="101" height="25" border="0" ↵
name="data" id="data" />
```

5 Que se passe-t-il au niveau du lien lui-même (l'image sert en effet de lien) ? Vous définissez dans ce lien hypertexte la règle d'insertion de la seconde image. Utilisez à cet effet l'instruction `onMouseover`. Elle introduit le nom de l'image en question :

```
onMouseover="document.data.src='data2.gif'";
```

6 Grâce à cette instruction, la nouvelle image (*data2.gif*) remplace l'originale au passage de la souris (Mouseover). Placez une apostrophe après ce nom, puis fermez par des guillemets. Fermez cette partie par un point-virgule.

7 Pour spécifier l'instruction `onMouseout`, écrivez :

```
onMouseout="document.data.src='data1.gif'"
```

8 Dès que le pointeur perd le contact avec le bouton, l'image d'origine reprend sa place sur la page. Les balises de paragraphes (`<p></p>`) servent simplement à aligner correctement les images.

Veillez, lors de la copie de ce texte source dans votre document, à ne pas oublier les apostrophes et les guillemets. Pour garantir un effet assez "rapide", préférez des tailles réduites de fichiers.

Vous pouvez copier ces paragraphes pour ancrer d'autres images de ce type. Dans des ouvrages JavaScript spécialisés, vous étudierez des versions plus détaillées et étendues, pour créer cet effet MouseOver.

Élaborer un menu déroulant

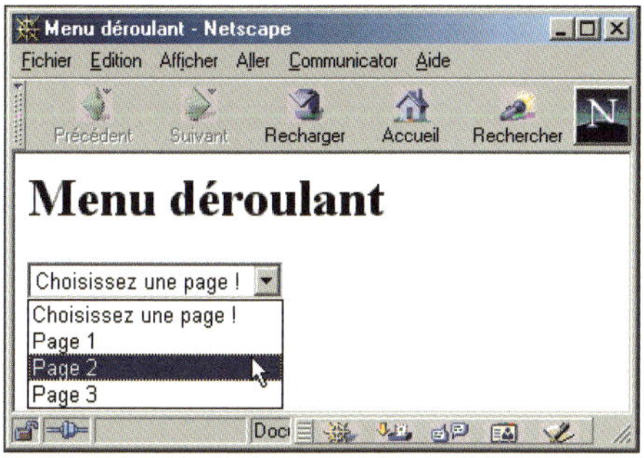

L'objectif de cette section est de proposer un menu déroulant à vos lecteurs. Placez cet élément sur vos pages, et utilisez-le comme menu de navigation.

Derrière cet outil, se cache également un script, que nous allons étudier dans le détail.

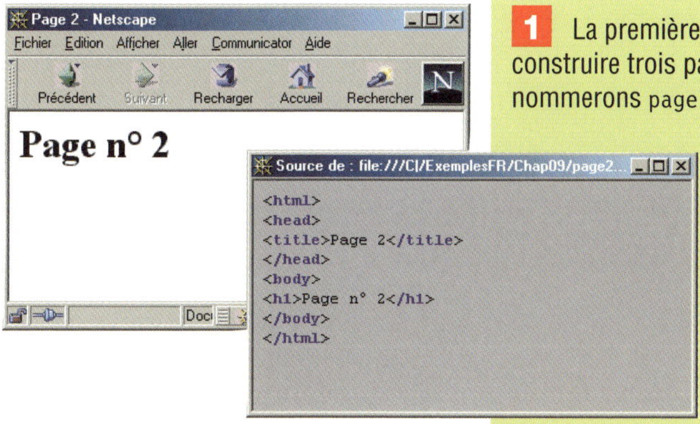

1 La première étape consiste à construire trois pages, que nous nommerons `page1.htm`, `page2.htm` et `page3.htm`. La figure représente le texte source de la page 2.

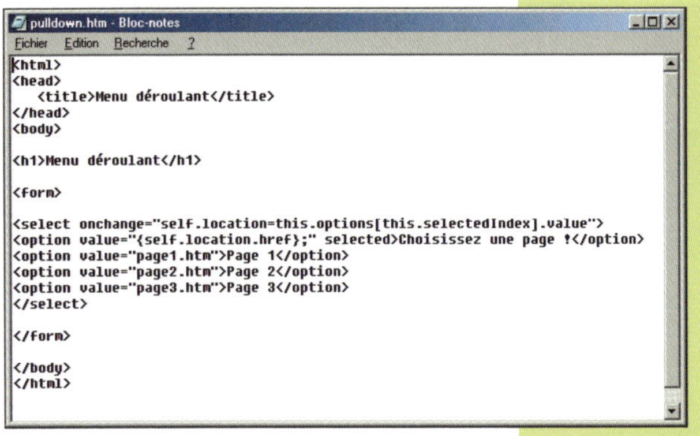


```
<html>
<head>
   <title>Menu déroulant</title>
</head>
<body>

<h1>Menu déroulant</h1>

<form>

<select onchange="self.location=this.options[this.selectedIndex].value">
<option value="{self.location.href};" selected>Choisissez une page !</option>
<option value="page1.htm">Page 1</option>
<option value="page2.htm">Page 2</option>
<option value="page3.htm">Page 3</option>
</select>

</form>

</body>
</html>
```

2 Voici le texte source de la page contenant le menu déroulant. Le menu lui-même est encadré des balises `<select>` `</select>`.

3 L'instruction `onchange` permet de charger la page correspondant au nom choisi dans la liste déroulante. La ligne complète est la suivante :

```
onchange="self.location=this.options[this.selectedIndex].value"
```

4 Les différents champs encadrés par `<option></option>` servent à activer la page demandée. Il est donc nécessaire de spécifier la valeur après `value`, par exemple `page1.htm`. La première ligne sert simplement à afficher un texte par défaut.

```
<option value="{self.location.href};" selected>Choisissez une
page !</option>
<option value="page1.htm">Page 1</option>
<option value="page2.htm">Page 2</option>
<option value="page3.htm">Page 3</option>
```

5 Adaptez le script à vos propres besoins, et ajoutez si nécessaire d'autres champs `<option></option>`.

Notez que ce script ne peut pas être combiné avec les cadres.

Publier votre site sur Internet

Votre site web est maintenant complet. Il ne vous reste plus qu'à le charger enfin sur le serveur d'accueil, pour le rendre accessible à tous les internautes. Pour accroître l'efficacité de votre site, une inscription auprès des moteurs de recherche de premier rang s'impose.

Nous verrons rapidement ce qui se cache derrière les balises `<meta>`. Même si vous n'avez pas encore trouvé un site d'hébergement pour votre page d'accueil, nous vous recommandons de poursuivre la lecture du chapitre. Il contient en effet quelques adresses intéressantes, complétées par des astuces.

Liaison par Accès réseau à distance

Vous n'êtes peut-être pas encore connecté à Internet. Si tel est votre cas, nous allons étudier la méthode de configuration d'une connexion. Nous partons néanmoins du principe que vous disposez d'un modem ou d'un appareil RNIS correctement installé.

Les étapes décrites ci-dessous sont valables pour Windows Millennium et Windows 98.

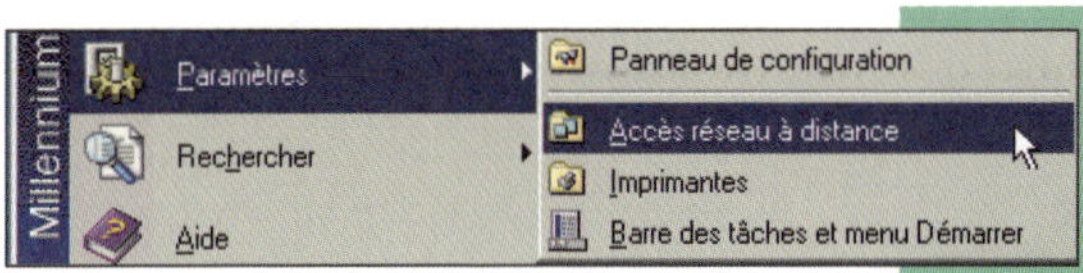

1 Sélectionnez, dans Windows Me, la commande **Paramètres/Accès réseau à distance** du menu **Démarrer**. Dans Windows 98, vous lancez l'Accès réseau à distance par un double clic sur l'icône correspondante, qui se trouve dans le Poste de travail.

2 Cliquez sur le module **Nouvelle connexion**.

3 Saisissez le nom de la connexion, dans la boîte de dialogue suivante. Essayez de lui affecter un nom explicite, de façon à bien identifier les connexions, en cas de multiples accès à Internet. Inscrivez par exemple le nom de votre fournisseur d'accès. La liste déroulante *Sélectionnez un périphérique* doit afficher automatiquement votre modem (ou votre carte RNIS). Si tel est bien le cas, cliquez sur le bouton **Suivant**.

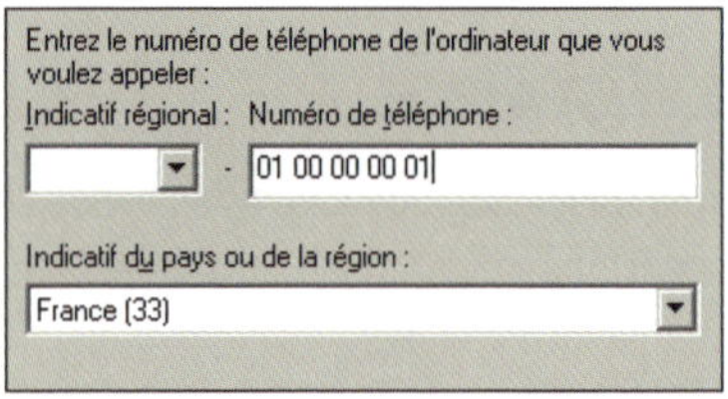

4 Dans la boîte de dialogue suivante, tapez le numéro de téléphone du serveur. Il dépend bien sûr de votre fournisseur d'accès. Renseignez-vous avant de lancer la configuration. Vous pouvez dans la plupart des cas renoncer à inscrire l'indicatif régional. Cliquez sur le bouton **Suivant**, pour valider cette boîte de dialogue.

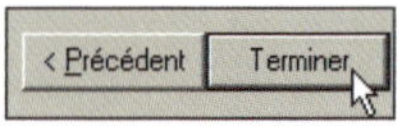

5 Cliquez sur le bouton **Terminer**. La connexion est prête à fonctionner.

6 Vous venez de configurer un accès à Internet. Le symbole correspondant vous le confirme. Si vous avez besoin d'établir un autre accès au réseau, procédez de la même façon.

7 Lancez la connexion par un double clic. Il est généralement nécessaire de vous identifier par un nom d'utilisateur et un mot de passe.

Vous pouvez à tout moment contrôler les propriétés de votre connexion Internet. Cliquez simplement sur l'entrée correspondante, avec le bouton droit de la souris, puis choisissez la commande **Propriétés** du menu contextuel. Dans Windows 98, activez l'onglet **Types de serveurs**, et désactivez toutes les options, hormis *TCP/IP*. Cliquez sur OK pour valider ces modifications.

Dans Windows Me : vous pouvez vérifier et modifier le numéro de téléphone sous l'onglet **Général** de la boîte de dialogue des propriétés. Contrôlez le nom d'utilisateur et le mot de passe, sous l'onglet **Sécurité**. L'onglet **Mise en réseau** vous permet d'enregistrer d'autres paramètres réseau. Nous vous recommandons par exemple de désactiver l'option *Activer la compression logicielle*.

Où faire héberger votre page d'accueil ?

Vous ne savez toujours pas où faire héberger votre site Internet. Ces quelques lignes peuvent vous aider à régler le problème.

1 Si vous accédez à Internet par le biais d'un grand fournisseur d'accès ou d'un service en ligne d'envergure, vous disposez en règle générale d'un espace web gratuit. Sur AOL par exemple, votre adresse sera de type `http://members.aol.com/ nom_d'utilisateur`.

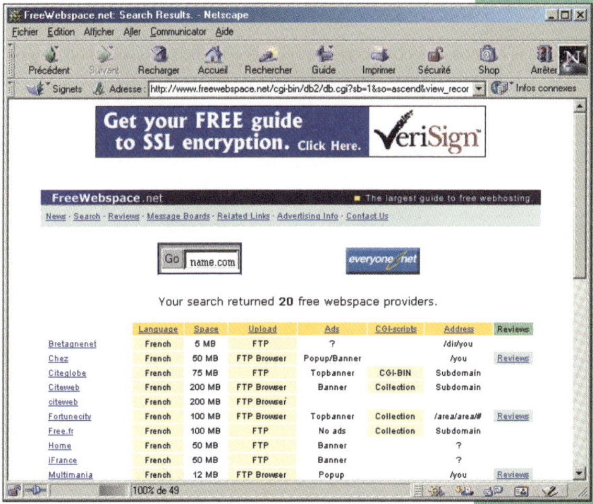

2 Si votre provider d'accès ne vous offre aucun espace web supplémentaire, parce que ses tarifs sont déjà très bas, pas de panique. Vous trouverez sur le Web une multitude de prestataires, proposant de vous héberger à titre gratuit sur le Web. C'est le cas notamment de Tripod ou de Club-Internet. Il est toujours intéressant d'utiliser les services d'un moteur de recherche, qui vous fournira rapidement une liste de fournisseurs gratuits. Vous pouvez également consulter le site `www.freewebspace.net` répertoriant une grande quantité d'adresses.

3 Sous www.freewebspace.net/search/advanced.shtml, vous disposez d'un formulaire de recherche permettant de cibler votre demande selon différents critères. La recherche peut par exemple se limiter aux services proposant des CGI gratuits, un compte e-mail, un accès sécurisé, etc. La demande peut même être étendue à plusieurs pays.

4 Si vous préférez une adresse Internet plus courte, de type www.monNom.com ou www.monNom.fr, optez pour l'attribution d'un nom de domaine. Votre nom sera enregistré auprès de l'AFNIC, organisme chargé de gérer les noms de domaines.

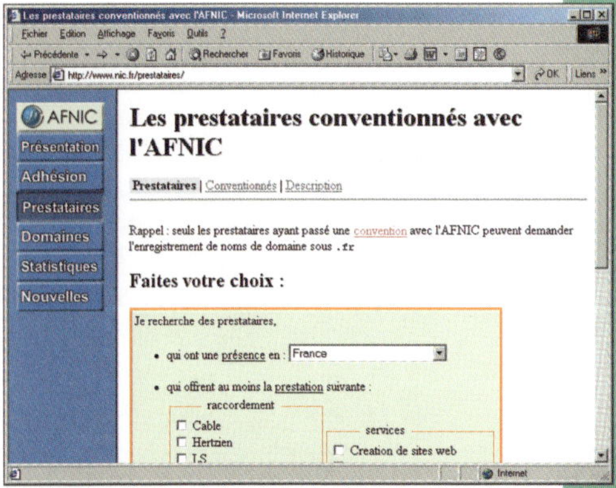

5 La liste des prestataires vous proposant de prendre en charge l'enregistrement de votre propre nom de domaine est longue. Le mieux est de vous reporter directement à la page d'accueil de l'AFNIC, et de consulter la liste des prestataires conventionnés. Vous trouverez cette liste à l'adresse http://www.nic.fr/prestataires.

6 Avant de fixer votre choix, comparez les différentes prestations proposées. Certaines fonctions, comme les CGI ou la gestion de FrontPage, si vous ne pouvez pas y renoncer, sont parfois payantes.

Contrôler le code source

Même si vous avez vérifié vous-même les instructions saisies au fur et à mesure de nos explications, il n'est pas exclu qu'une erreur se soit glissée dans le code source. Avant de publier votre site, procédez à sa vérification.

1 Le W3C a développé un programme permettant de contrôler facilement votre syntaxe, et même de convertir des documents du HTML au XHTML. Il s'agit de l'utilitaire HTML-TIDY de Dave Raggett. La page d'accueil de ce programme est disponible à l'adresse www.w3.org/People/Raggett/tidy.

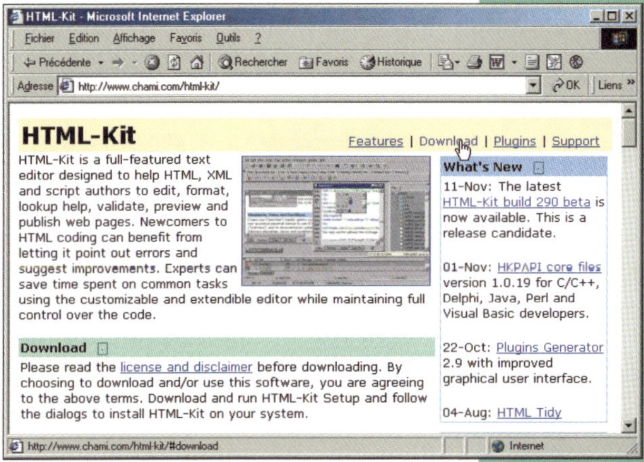

2 TIDY est un programme assez difficile à utiliser, dans la mesure où il s'exécute en ligne de commandes. Par chance, il existe une grande quantité d'éditeurs web, faisant office d'interfaces graphiques pour TIDY. L'intégration dans l'utilitaire HTML-Kit est la plus réussie. Il s'agit d'un petit éditeur HTML très pratique. Vous trouverez le programme freeware à l'adresse www.chami.com/html-kit.

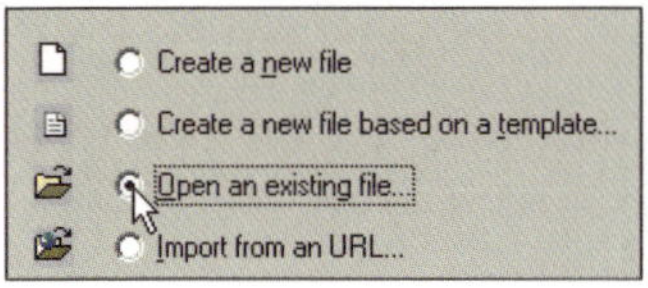

3 Lancez le programme, puis ouvrez le document à vérifier. Activez à cet effet l'option *Open an existing file*, ou cliquez sur le bouton **Ouvrir**.

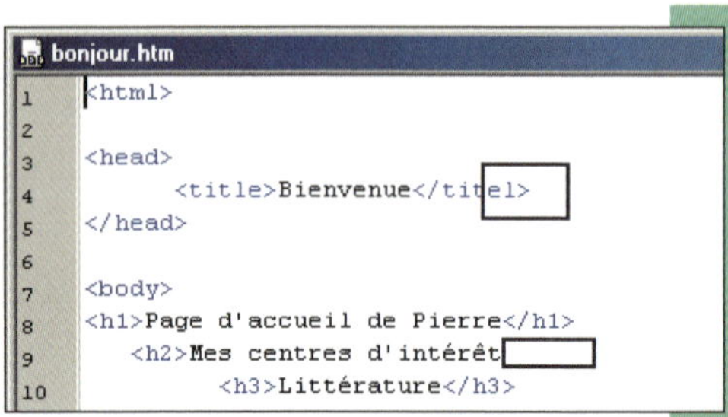

4 Dans notre exemple, nous allons demander l'analyse du fichier *bonjour.htm*, élaboré au début de cet ouvrage. Nous avons inséré volontairement quelques erreurs, en remplaçant notamment </title> par </titel>, et en oubliant la balise de fermeture d'un titre.

5 Appuyez à présent sur la touche F9 de votre clavier, pour lancer la procédure de vérification.

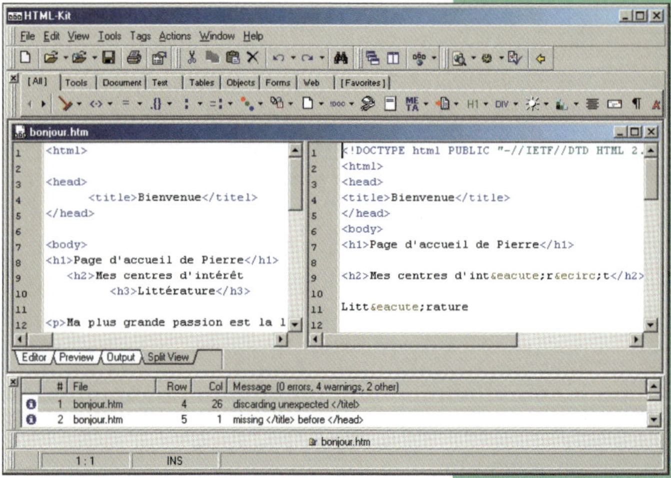

6 TIDY bascule en mode d'affichage, comprenant trois volets. La zone à droite présente le document corrigé, tandis que les erreurs sont détaillées dans la partie inférieure de la fenêtre.

7 Vous souhaitez enregistrer le code source correct dans votre document. Cliquez simplement avec le bouton droit de la souris sur le volet droit de la fenêtre. Sélectionnez la commande **Copy All to Editor**, dans le menu contextuel.

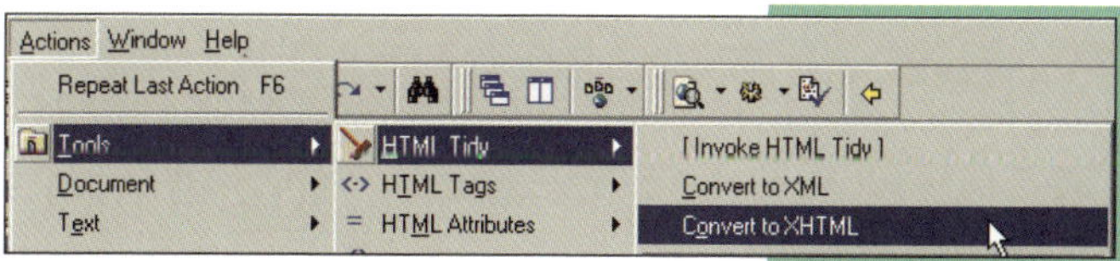

8 TIDY convertit en outre votre document vers le XHTML ou le XML. Sélectionnez à cet effet la commande **Actions/Tools/HTML Tidy/Convert to XHTML**.

Le programme ne détecte pas toujours toutes les erreurs de votre document. Nous vous recommandons de contrôler une nouvelle fois "manuellement" votre page, sans enregistrer le résultat complet. Corrigez de préférence les erreurs dans la partie gauche de la fenêtre.

INFO

Autres qualités de TIDY

HTML-TIDY possède des atouts supplémentaires. Il "allège" entre autres des documents HTML élaborés avec Word. Si cette opération vous intéresse, sélectionnez la commande *Strip surplus Tags in Word 2000 pages*. Le programme peut en outre être adapté à vos besoins, et fait l'objet d'améliorations constantes. L'utilisation de la dernière version de HTML-TIDY est donc toujours préférable.

Balises méta et moteurs de recherche

Nous arrivons à des étapes intéressantes : le chargement de votre page sur le serveur d'accueil, puis l'inscription auprès des moteurs de recherche.

Avant d'étudier la méthode d'installation de vos pages sur le serveur de votre prestataire, prenez le temps de découvrir ce que cachent les balises méta.

Certains services de recherche tiennent compte des balises méta, enregistrées dans votre document HTML. C'est le cas par exemple de Hotbot, d'AltaVista et de Fireball. Malheureusement, chaque moteur suit sa propre logique, et les procédures d'analyse varient. À quoi servent ces balises méta ?

1 Les balises méta sont tout simplement des instructions, permettant d'indexer le contenu de votre page d'accueil. Elles sont placées dans l'en-tête du texte source, par exemple entre `<title>` et `</head>`.

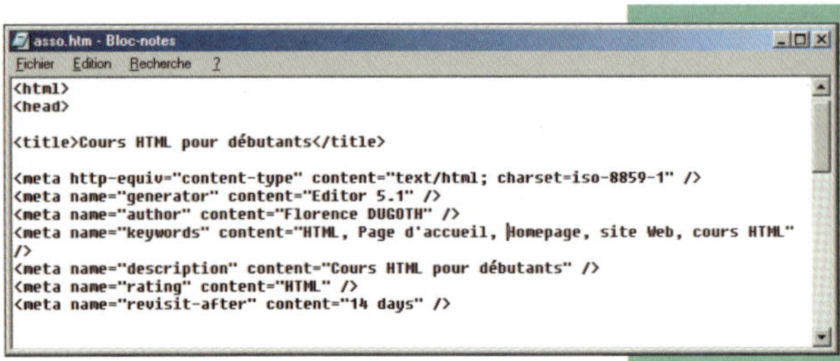

2 La figure présente une liste de balises méta. La première ligne a déjà été étudiée dans un chapitre précédent. Elle vous permet de spécifier le jeu de caractères à employer, de sorte que certains accents ou caractères spéciaux soient correctement affichés.

```
<meta http-equiv="content-type" content="text/html; ↵
charset=iso-8859-1" />
```

3 Certains éditeurs HTML laissent leur empreinte dans la liste des balises méta. Vous pourrez ultérieurement supprimer cette entrée, dans votre document.

```
<meta name="generator" content="Editor 5.1" />
```

4 L'utilité de la commande `author` est simple à deviner. Elle permet, si vous le souhaitez, de spécifier votre nom.

```
<meta name="author" content="Florence DUGOTH" />
```

5 La ligne de l'instruction `keywords` permet de résumer brièvement le contenu de votre site, sous la forme de mots clés. Ceux-ci sont séparés par des virgules. 256 caractères sont autorisés.

```
<meta name="keywords" content="HTML, Page d'accueil, Homepage, ↵
 site Web, cours HTML" />
```

6 La ligne suivante concerne la description de votre page, qui ne doit pas dépasser 256 caractères.

```
<meta name="description" content="Cours HTML pour débutants" />
```

7 L'instruction `rating` permet de relier la page à la catégorie de votre choix, par un mot clé.

```
<meta name="rating" content="HTML" />
```

8 Indiquez, grâce à `revisit-after`, la fréquence de l'analyse de votre site par le moteur de recherche.

```
<meta name="revisit-after" content="14 days" />
```

Il n'existe aucun standard en ce qui concerne les balises méta. Chaque moteur de recherche dispose de règles spécifiques. La meilleure méthode consiste à consulter le service lui-même, et à chercher les informations relatives à ces commandes.

INFO

Qu'est-ce qu'un générateur de métatags ?

Il s'agit d'un formulaire HTML, destiné à vous faciliter la création de commandes méta pour vos propres pages web. Les sites http://www.referencement.ch/meta.html ou http://www.websitepromote.com/resources/meta proposent un service de ce type. Il suffit ensuite d'insérer le résultat sur votre page web.

Configurer le programme FTP

Le transfert de vos pages sur le serveur de votre prestataire de service n'a rien de compliqué. Il vous suffit de disposer de l'outil adéquat, en l'occurrence d'un programme FTP.

INFO

Programmes FTP

Les deux programmes FTP les plus courants sont Cute FTP ou WS_FTP. Nous avons opté pour le second, dont la dernière version est disponible à l'adresse www.ipswitch.com. Celle-ci est payante, mais les anciennes versions gratuites sont tout aussi efficaces.

La particularité du programme WS_FTP est qu'aucune installation préalable n'est nécessaire. Double-cliquez simplement sur le fichier *.exe* correspondant, pour lancer le programme.

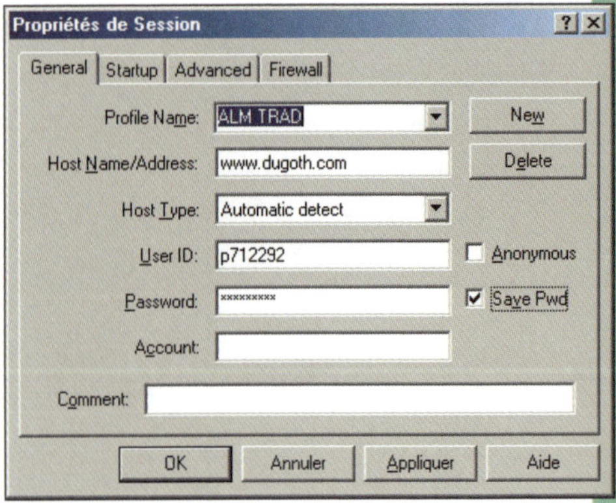

1 Lancez WS_FTP en double-cliquant sur le fichier *.exe*.

2 Si vous lancez le programme pour la première fois, prenez le temps de le configurer. Saisissez les informations demandées, dans les différents champs de la boîte de dialogue. Choisissez un nom de profil (*Profile Name*). Il vous permettra d'enregistrer, et donc d'activer plus facilement, les informations de ce nouveau profil.

3 Les champs *Host Name/Address*, *User ID* et *Password* sont particulièrement importants. Adressez-vous auprès de votre prestataire, pour récupérer les informations exigées.

4 L'entrée *Automatic Detect* de la liste déroulante *Host Type* est souvent conservée, mais un autre choix peut s'avérer nécessaire.

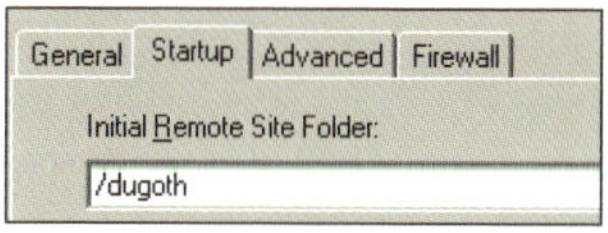

5 Si votre site est hébergé chez AOL, activez l'onglet **Startup**. Dans d'autres versions du programme, cette option est disponible sous la forme d'un champ. Saisissez `"/nom_aol"` dans le champ *Initial Remote Host Directory*. Reportez-vous aux instructions de votre prestataire à ce propos.

6 Enregistrez vos données en cliquant sur le bouton **Appliquer**. Vous venez de configurer un nouveau profil.

Vous avez l'intention d'installer votre page d'accueil chez un prestataire supplémentaire ? Définissez dans ce cas un nouveau profil, en cliquant sur le bouton **New**. Attribuez-lui un nom, et remplissez les champs correspondants.

Transférer le site sur le serveur d'accueil

Dès que la définition du nouveau profil est validée sur WS_FTP, vous pouvez transférer vos fichiers sur le serveur d'accueil. La procédure diffère quelque peu d'une version à une autre, mais la démarche est la même :

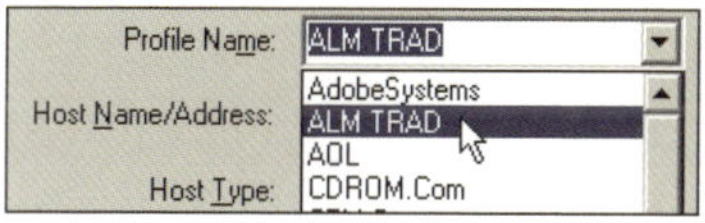

1 Sélectionnez le profil souhaité, dans la liste déroulante *Profile Name*. Si vous n'utilisez qu'un seul service d'hébergement, son nom reste affiché par défaut comme profil standard.

2 Cliquez ensuite sur OK. WS_FTP cherche alors à établir une connexion au serveur spécifié dans la boîte de dialogue. Vous avez alors accès à vos dossiers. Si vous ne voyez pas la fenêtre regroupant vos données, cliquez sur le bouton **Connect**.

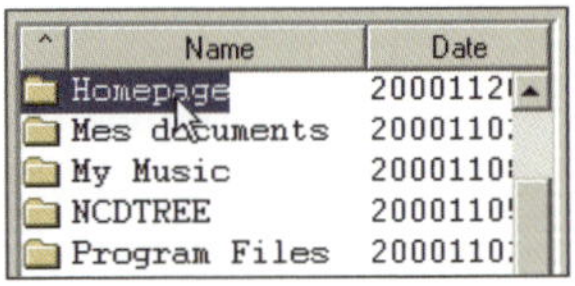

3 WS_FTP fonctionne comme un gestionnaire de fichiers. La partie gauche de la boîte de dialogue affiche en permanence le contenu de votre disque dur local. Dans la partie droite, sont présentés les fichiers enregistrés sur le serveur. Double-cliquez sur le dossier de votre choix, ou sur la flèche verte, pour accéder le cas échéant au niveau souhaité.

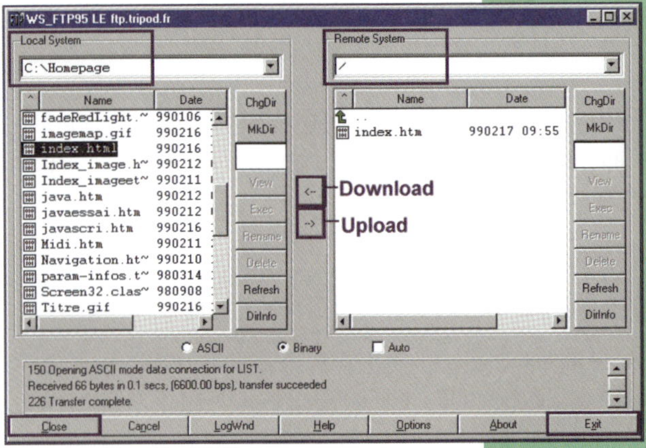

4 Pour copier (upload) un fichier vers le serveur, sélectionnez-le dans la partie gauche, puis cliquez sur le bouton doté d'une flèche vers la droite. Le fichier est alors automatiquement transféré de la gauche vers la droite de la boîte de dialogue, c'est-à-dire vers le serveur lui-même. Lisez les messages dans la zone inférieure de WS_FTP. Ils vous renseignent sur l'état du transfert.

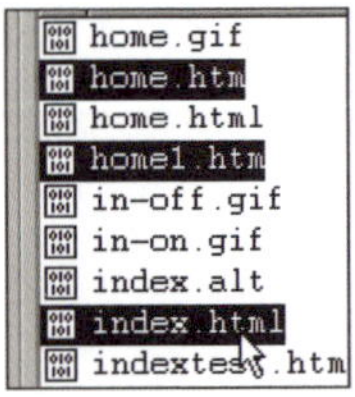

5 Vous pouvez sélectionner plusieurs fichiers à la fois. Cliquez sur le premier, puis sur le dernier de la liste, en maintenant la touche [Maj] appuyée. Les fichiers encadrés par ces deux choix seront automatiquement inclus dans la liste de sélection. Pour sélectionner des fichiers non consécutifs, appuyez sur la touche [Ctrl], et cliquez successivement sur leurs noms.

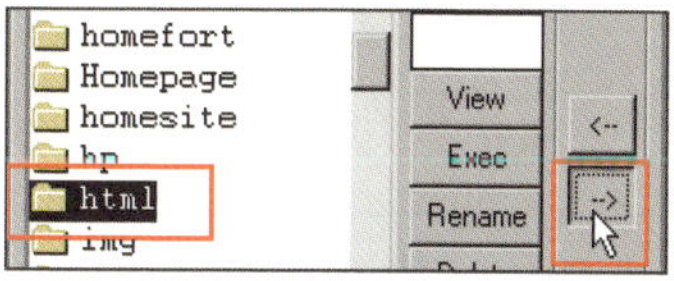

6 Le transfert d'une structure de dossiers complète n'est pas un problème non plus. Sélectionnez tout simplement le dossier concerné, puis cliquez sur le bouton fléché. Confirmez votre demande, en répondant par **Oui** à la question *Do you want to transfer the selected directory structures?*.

7 Pour interrompre la connexion, cliquez sur le bouton **Close**.

Astuce et conseils sur WS_FTP

Il est temps de prendre connaissance de quelques informations destinées à vous faciliter le travail avec WS_FTP !

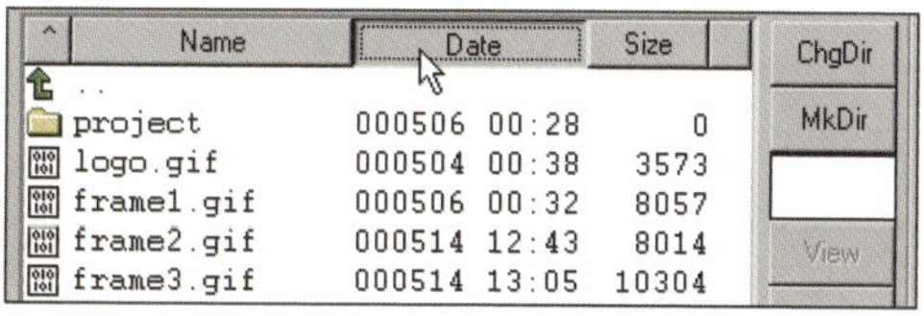

- Trier : vous pouvez facilement organiser vos fichiers par ordre alphabétique, par date d'enregistrement ou par type, en cliquant sur l'en-tête de la colonne correspondante.

- Créer un nouveau dossier : dans WS_FTP, la définition d'un nouveau dossier s'effectue par un clic sur le bouton **MkDir**.

- Supprimer un dossier : pour effectuer cette opération, il est nécessaire de supprimer au préalable tous les fichiers se trouvant dans le dossier concerné.

- Profils : vous pouvez exploiter WS_FTP pour plusieurs prestataires. Définissez un nouveau profil en cliquant sur le bouton **New**. Cliquez ensuite sur le bouton **Connect**, pour établir une connexion, ou sur le bouton **Close** pour l'interrompre.

Le transfert de fichiers dans WS_FTP peut s'effectuer dans les deux sens, du disque dur au serveur, et inversement. Il vous suffit d'utiliser les boutons fléchés centraux.

Inscription auprès des moteurs de recherche

Votre site est à présent visible sur le réseau, et vous espérez qu'il attirera l'attention d'un grand nombre d'internautes. Pour faire connaître votre site, inscrivez-le auprès des moteurs de recherche les plus connus. Vous mettez ainsi toutes les chances de votre côté.

Vous souhaitez faire référencer votre site dans un catalogue de type Yahoo ou Lycos ? Aucun problème, si vous suivez les conseils fournis ci-après. Nous partons du principe que vous avez créé une page sur un acteur américain, et que vous souhaitez l'enregistrer sur www.lycos.fr.

1 Activez la page d'accueil du catalogue sur lequel s'est porté votre choix, et observez les libellés des différentes catégories. Cherchez celle qui correspond le mieux au sujet de votre page d'accueil.

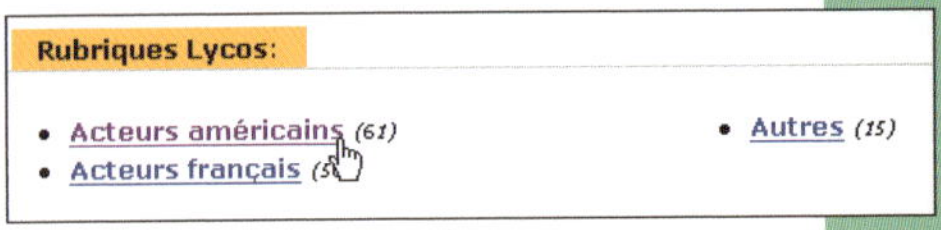

2 Dans notre exemple, nous sommes parvenus à la rubrique recherchée, par le biais des catégories *Célébrités*, *Acteurs*, *Acteurs américains*.

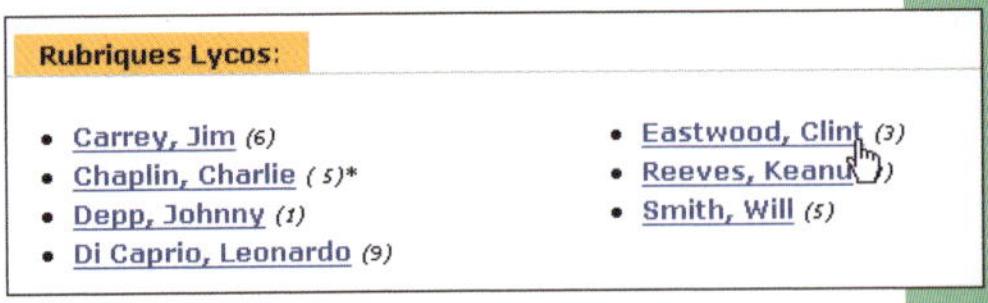

3 Le nombre de sous-catégories dépend du thème et, bien sûr, du moteur de recherche. Si vous avez des hésitations, contrôlez le type de sites déjà enregistrés sous la rubrique qui vous intéresse.

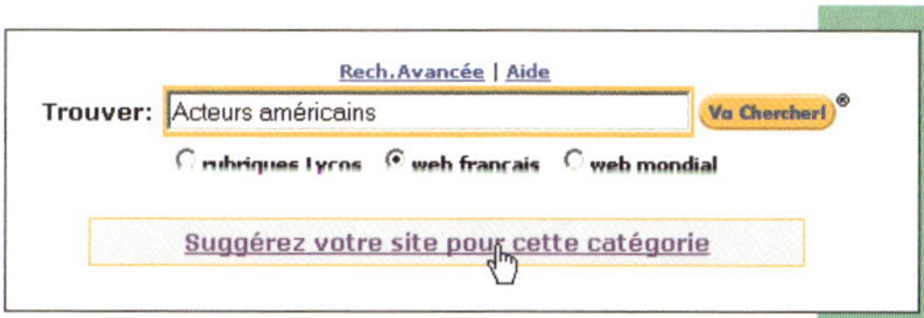

4 Dès que votre choix est fixé, cliquez sur le lien *Suggérez votre site*, ou portant un nom de analogue.

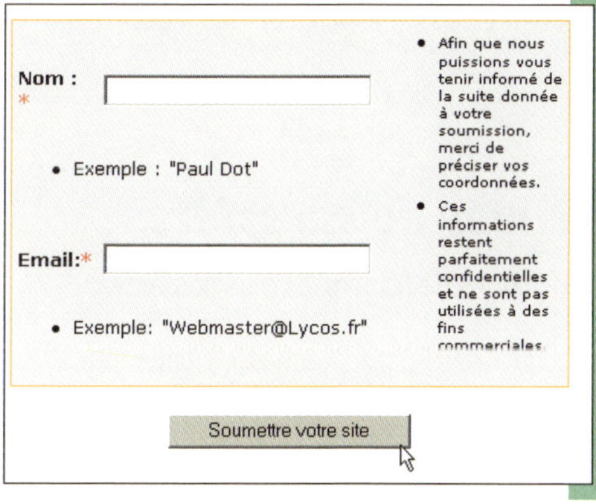

5 Remplissez le formulaire, puis cliquez sur le bouton **Soumettre votre site** pour valider votre demande d'inscription.

Dans certains services, l'adresse de votre site n'est pas enregistrée immédiatement dans la base de données visible par les internautes. Les rédacteurs prennent le temps d'effectuer au préalable un contrôle de votre page d'accueil, avant de la faire figurer dans la catégorie demandée.

Pour lancer une procédure d'inscription sur l'annuaire Yahoo, cliquez sur le lien *Proposer un site.* La page en question vous fournit des informations concernant la marche à suivre.

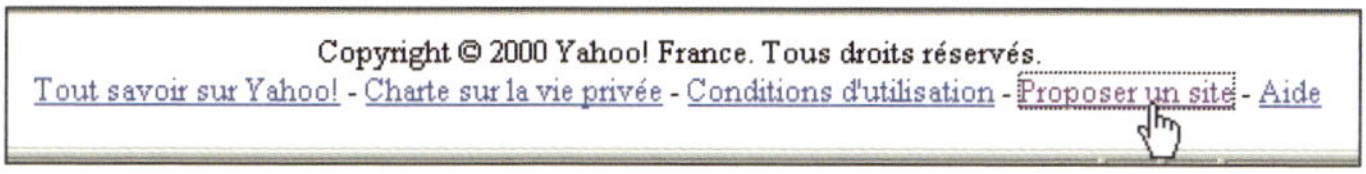

INFO

Autre méthode de référencement

Certains moteurs de recherche, AltaVista ou Hotbot par exemple, procèdent différemment pour enregistrer l'adresse de votre site dans leur base de données. Ces moteurs de recherche ne consultent pas les sites, mais chargent des petits programmes, appelés robots, de recenser les mots présents dans les pages, afin de les enregistrer en conséquence. Pour ce type de référencement, le moteur vous demande uniquement de spécifier l'adresse de votre site, dans le formulaire, puis de valider la demande en cliquant sur un bouton *Ajouter.* La machine se chargera de rendre bientôt visite à votre page pour l'intégrer à sa gigantesque base de données.

Références de commandes et d'attributs

Les pages suivantes vous permettent d'avoir toujours à portée de main les tableaux de références de balises HTML et CSS. Vous y retrouverez les principales balises, accompagnées de leurs attributs et de leurs valeurs.

Extensions de fichiers et codes de caractères

Le tableau présente une vue d'ensemble des extensions de fichiers les plus courantes.

Extensions de fichiers	
Type de document	**Extension de fichier**
Document HTML ou XHTML	`.htm` ou `.html`
Fichier JavaScript externe	`.js`
Document XML	`.xml`
Fichier WML	`.wml`
Définition de type de document externe (DTD)	`.dtd`
Fichier de feuille de styles externe	`.css`
Fichier de feuille de styles XSL externe	`.xsl`
Image GIF	`.gif`
Image JPG	`.jpg`
Image PNG	`.png`
Document XML	`.xml`
Fichier WML	`.wml`

Le tableau suivant regroupe les codes de caractères les plus courants (standard ISO).

Normes ISO des différents jeux de caractères	
Standard ISO	**Jeu de caractères**
`UTF-8 (Unicode)`	Jeu de caractères universel, utilisé dans le monde entier
`ISO-8859-1 (Latin-1)`	Europe occidentale, Amérique latine
`ISO-8859-2 (Latin-2)`	Europe de l'Est et Europe centrale
`ISO-8859-3 (Latin-3)`	Europe du Sud
`ISO-8859-4 (Latin-4)`	Scandinavie, Pays Baltes
`ISO-8859-5`	Cyrillique
`ISO-8859-6`	Arabe
`ISO-8859-7`	Grec
`ISO-8859-8`	Hébreu
`ISO-8859-9`	Turc
`ISO-8859-10`	Lapon, nordique, langues esquimaux
`EUC-JP` ou `Shift_JIS`	Japonais

Référence rapide HTML et CSS

Vous trouverez sur les pages suivantes les balises, les attributs et les valeurs employés en (X)HTML et dans les feuilles de styles CSS.

Couleurs

Voici une liste de noms de couleurs autorisées, et de leurs valeurs hexadécimales.

Valeurs hexadécimales des couleurs		
Nom anglais	**Nom français**	**Valeur hexadécimale**
black	noir	`#000000`

Valeurs hexadécimales des couleurs		
Nom anglais	**Nom français**	**Valeur hexadécimale**
silver	argent	#C0C0C0
gray	gris	#808080
white	blanc	#FFFFFF
maroon	marron	#800000
red	rouge	#FF0000
purple	violet	#800080
fuchsia	fuchsia	#FF00FF
green	vert	#008000
lime	vert clair	#00FF00
olive	vert olive	#808000
yellow	jaune	#FFFF00
navy	bleu marine	#000080
blue	bleu	#0000FF
teal	cyan foncé	#008080
aqua	bleu clair	#00FFFF

Caractères spéciaux en HTML

Il est nécessaire, dans certains cas, de remplacer un caractère spécial par son code.

Caractères spéciaux en HTML	
Caractère	**Code**
à	`à`
À	`À`

Caractères spéciaux en HTML	
Caractère	**Code**
ç	ç
é	é
É	É
è	è
È	È
ê	ê
ù	ù
<	<
>	>
&	&
"	"
' (Apostrophe)	'

Balises générales

Balises générales				
Balise	**Attribut**	**Valeurs**	**Description**	**Exemple**
<html>			Définit un fichier HTML.	
<head>			Définit l'en-tête d'un fichier HTML.	
<title>			Délimite le titre du fichier qui sera affiché dans la barre de titre du navigateur.	<title>Ma page</title>

Balises générales				
Balise	**Attribut**	**Valeurs**	**Description**	**Exemple**
<body>			Introduit la zone principale, le corps du document.	
	text	Code hexadécimal, nom de couleur	Définit la couleur du texte.	<body text="#000080">
	background		Ajoute une image d'arrière-plan.	<body background=↵ "image.gif">
	bgcolor	Code hexadécimal, nom de couleur	Définit une couleur d'arrière-plan.	<body bgcolor="white">
	link	Code hexadécimal, nom de couleur	Couleur du lien.	<body link="green">
	alink	Code hexadécimal, nom de couleur	Couleur du lien actif.	<body alink="#008080">
	vlink	Code hexadécimal, nom de couleur	Couleur du lien visité.	<body vlink="red">
<meta />			Délimite une zone d'informations complémentaires.	
<bgsound / >			Fichier son au chargement du document.	
	src	Nom du fichier son	Uniquement dans Internet Explorer, non standard.	<bgsound src=↵ "musique.mid" />

Mises en forme de caractères

Voici une liste des principales balises de mise en forme de caractères. Le mode de présentation des passages de textes dépend toutefois du navigateur.

Balises de mises en forme de textes		
Balise	**Description**	**Exemple**
`<h1></h1>` à `<h6></h6>`	Niveaux de titres 1 à 6.	`<h2>Titre 2</h2>`
`<b></b>`	`Bold`, caractères gras.	`Mise en valeur avec des caractères <b>gras</b>`
`<i></i>`	`Italics`, caractères italiques.	`Police en <i>italique</i>`
`<u></u>`	`Underlined`, caractères soulignés.	`Merci de <u>ne pas</u> effacer`
`<span></span>`	Définit un container `<span>`, idéal pour les mises en formes de caractères via des feuilles de styles.	`Le mot est en <span class="rouge" id="rouge">rouge</span>`
`<strike></strike>`	Texte barré.	`<strike>caractères barrés</strike>`
`<big></big>`	Caractères plus grands.	`<big>I</big>l était une fois`
`<small></small>`	Caractères plus petits.	`<small>plus petits</small>`
`<sub></sub>`	`subscript`, indice.	`H<sub>2</sub>O`
`<sup></sup>`	`superscript`, exposant.	`10<sup>5</sup>`
`<em></em>`	`emphatic`, texte mis en valeur, accentué, souvent affiché en italique.	`C'est <em>très</em> important`
`<strong></strong>`	`strong`, forte mise en valeur de caractères, souvent en gras.	`Merci de ne <strong>pas fumer</ strong>`
`<code></code>`	Présentation de code source.	`<code>function bonjour()</code>`
`<kbd></kbd>`	Texte pour marquer les saisies de l'utilisateur.	`Saisissez <kbd>jeux md</kbd>`

Balises de mises en forme de textes		
Balise	**Description**	**Exemple**
<cite></cite>	Mise en forme de citations, souvent en italique.	voir aussi <cite>Raggett 00</cite>
<dfn></dfn>	definition, texte de définition.	<dfn>p correspond à paragraph</dfn>
<samp></samp>	Structure prévue pour les exemples.	<samp>§%&$</samp>
<q></q>	Pour de brèves citations, souvent affichées en italique.	<q>Bonjour</q> dit-il
<tt></tt>	Teletype, texte présenté en caractères de machine à écrire.	<tt>Texte en caractères Courier par exemple</tt>

Balises <font>

La balise <font> est un peu démodée, et ne devrait plus être employée, selon le W3C. La meilleure alternative est présentée par les feuilles de styles. Utilisez néanmoins la balise <font> si vous souhaitez tenir compte des anciennes versions de navigateurs (Netscape 3, Internet Explorer 2).

Balises <font>				
Balise	**Attribut**	**Valeurs**	**Description**	**Exemple**
<font>			Détermine les propriétés de police.	<h2>Titre 2</h2>
	face	Type de police	Définit un type de police.	<font face="Times"> Exemple</font>
	size	1 à 7 (Normal= 4) ou valeur relative comme -1, -2, +1, +2 (Normal=0)	Spécifie la taille de la police.	<font face="Arial" size="+2">2 tailles supérieures</font>
	color	Code hexadécimal, nom de couleur	Définit la couleur de police.	<font face="Helvetica" color="blue">Le bleu du ciel</font>

Alignement de texte

Alignement de texte

Balise	Attribut	Valeurs	Description	Exemple
`<p></p>`			Définit un paragraphe.	`<p>C'est un paragraphe</p>`
	`align`	`left`, `center`, `right`, `justify`	Alignement.	`<p align="right">Alignement à droite </p>`
	`class` ou `id`	Nom libre	Permet de définir sa propre classe.	`<p class="citation" id="citation">C'est une citation</p>`
` `			Retour à la ligne.	
`<div></div>`			"Container" au niveau d'un paragraphe.	`<div>Paragraphe libre</div>`
	`class` ou id	Nom libre	Permet de définir sa propre classe.	`<div class="pos1">Un paragraphe</div>`

Listes

Listes

Balise	Attribut	Valeurs	Description	Exemple
`<ul></ul>`			`unordered list`, crée une liste à puces.	
	`type`	`disc`	Par défaut, disque.	
		`square`	Carré.	`<ul type="square">`
		`circle`	Cercle.	`<ul type="circle">`
`<ol></ol>`			`ordered list`, liste numérotée.	

Listes				
Balise	**Attribut**	**Valeurs**	**Description**	**Exemple**
	type	1	Type de numérotation, chiffres arabes par défaut.	
		A	Majuscules.	<ol type="A">
		a	Minuscules.	<ol type="a">
		I	Grands chiffres romains (grand i).	<ol type="I">
		i	Petits chiffres romains (petit i).	<ol type="i">
	start	Chiffre	Valeur de départ, par défaut le 1.	<ol type="1" start="3">
		Valeur		<ol type="A" start="E">
<li></li>			list, entrée de liste.	<li>Chiens</li>

Formulaires

Formulaires				
Balise	**Attribut**	**Valeurs**	**Description**	**Exemple**
<form> </form>		Délimitent le formulaire.		
	action	Chemin jusqu'au script CGI		action="http://www.xyz.fr/cgi-bin/a.pl"
		Adresse e-mail		action="mailto:info@xyz.fr"
	method	post ou get	Type de transfert.	method="post"
<input />	type		Définit un élément de formulaire.	

Formulaires				
Balise	**Attribut**	**Valeurs**	**Description**	**Exemple**
		text	Champ de saisie de texte.	`<input type="text" />`
		password	Champ de saisie de mot de passe.	`<input type="password" />`
		radio	Bouton radio (choix unique).	`<input type="radio" name="a" value="1" />`
		checkbox	Case d'option (choix multiples).	`<input type="checkbox" name="c" value="0" />`
		reset	Bouton de réinitialisation.	`<input type="reset" value="Reset" />`
		submit	Bouton d'envoi.	`<input type="submit" value="Go" />`
		button	Bouton.	`<input type="button" value="Go" onClick="go()" />`
<textarea>			Zone de saisie multiligne.	
	rows, cols	Valeur	Nombre de lignes, longueur.	`<textarea name="a" rows="2" cols="70"></textarea>`
	wrap	soft	Retour à la ligne, désactivé par défaut.	`<textarea name="a" rows="2" cols="70" wrap="soft"></textarea>`
<select>			Définit une zone de sélection.	
	size	Valeur	Définit le nombre de champs affichés, par défaut 1 (liste déroulante).	`<select name="sélection" size="1">`

Autres balises

Autres balises				
Balise	**Attribut**	**Valeurs**	**Description**	**Exemple**
`<hr />`			Définit une ligne.	`<hr />`
	`size`	`Pixel`	Épaisseur de la ligne, 1 par défaut.	`<hr size="5" />`
	`width`	`Pixel, %`	Largeur en pixels ou en pourcentage, 100 % par défaut.	`<hr width="300" />`
	`align`	`center`	Centré, valeur par défaut.	
		`left`	Aligné à gauche.	`<hr width="50%" align="left" />`
		`right`	Aligné à droite.	`<hr width="350" align="right" />`
	`color`	Code hexadécimal, nom de couleur	Couleur, uniquement Internet Explorer.	`<hr width="300" size="4" color="red" />`
	`noshade`	`noshade`	La ligne ne doit pas être dotée d’une ombre.	`<hr noshade="noshade" />`

Texte défilant (marquee)

Voici les attributs essentiels de la balise `<marquee>`. À l’heure actuelle, cette balise n’est pas interprétée par le navigateur de Netscape.

Attributs de la balise <marquee>				
Balise	**Attribut**	**Valeurs**	**Description**	**Exemple**
`<marquee>`			Texte défilant	`<marquee>Tout défile </marquee>`

Attributs de la balise <marquee>				
Balise	**Attribut**	**Valeurs**	**Description**	**Exemple**
	loop	Chiffre	Nombre de répétitions (infinies par défaut)	<marquee loop="5">5 passages</marquee>
	behavior		Comportement	
		Scroll	Par défaut, simple passage	behavior="scroll"
		Alternate	Va-et-vient	behavior="alternate"
		Slide	Défile puis s'arrête	behavior="slide"
	Direction		Direction du texte	
		Left	Par défaut, vers la gauche	direction="left"
		Right	Vers la droite	direction="right"
		Down	Vers le bas	direction="down"
		Up	Vers le haut	direction="up"
	Bgcolor	Valeur hexadécimale, ou nom de couleur	Valeur d'arrière-plan du texte défilant	bgcolor="yellow"
	Height	Pixels, pourcentage	Hauteur de la bande défilante	height="100"
	Width	Pixels, pourcentage	Largeur de la bande défilante	width="20%"
	Scrollamount	Chiffre	Incréments en pixels du déplacement de l'objet	scrollamount="25"

Attributs de la balise <marquee>				
Balise	**Attribut**	**Valeurs**	**Description**	**Exemple**
	`Scrolldelay`	En ms	Durée de la pause entre deux mouvements animés consécutifs, en millisecondes.	`scrolldelay="1000"`

Ancrage d'images et de fichiers média

Le tableau regroupe les attributs et les valeurs permettant d'intégrer des images et des fichiers médias.

Ancrage d'images et de fichiers médias				
Balise	**Attribut**	**Valeurs**	**Description**	**Exemple**
`<img />`			Ancrage d'un fichier image.	
	`src`	Source du fichier	`<img src="tower.gif" />.`	
	`align`		Alignement de l'image.	
		`left`	Alignement à gauche avec texte autour.	`<img src="tower.gif" align="left" />`
		`right`	Alignement à droite avec texte autour.	`<img src="tower.gif" align="right" />`
	`width`	`Pixel`	Largeur de l'image.	`width="100"`
	`height`	`Pixel`	Hauteur de l'image.	`width="100" height="20"`
	`alt`	`Text`	Texte de remplacement.	`<img src="tower.gif" alt="Tour de Londres" />`
	`border`	`Pixel`	Ajoute une bordure (`border="0"` supprime la bordure).	`<img src="tower.gif" bor-der="3" />`

Ancrage d'images et de fichiers médias				
Balise	**Attribut**	**Valeurs**	**Description**	**Exemple**
	vspace	Pixel	Espace supplémentaire en haut et en bas.	vspace="5"
	hspace	Pixel	Espace supplémentaire à gauche et à droite.	hspace="2"
<embed />			Ancrage d'un fichier média.	
	src	Nom de fichier	Source du fichier.	<embed src="song.mid" />
	width, height	Pixel	Hauteur et largeur du lecteur.	<embed src="film.avi" width="150" height="75" />
	autostart	true, false	Indique si le morceau doit être ou non lu automatiquement.	<embed src="song.mp3" autostart="false" />
	loop	true, false	Spécifie si la lecture doit se faire en boucle ou non, true est la valeur par défaut.	<embed src="song.mp3" autostart="false" loop="false" />
	hidden	true, false	Indique si le lecteur doit être affiché ou masqué, pour une musique d'arrière-plan par exemple.	<embed src="song.mid" hidden="false" />

Ancres et liens hypertextes

Ancres et liens hypertextes				
Balise	**Attribut**	**Valeurs**	**Description**	**Exemple**
<a>	href	Source du fichier (URL)	Lien vers un fichier interne ou externe.	<a href="tower.gif">...</a>
				<a href="http://www.microapp.com">...</a>

Ancres et liens hypertextes				
Balise	**Attribut**	**Valeurs**	**Description**	**Exemple**
		Nom de l'ancre	Renvoie vers une ancre interne.	`<a href="#signe">...</a>`
		`mailto:adresse e-mail`		`<a href= "mailto:info@lexi.fr"> Réponse</a>`
	`name` ou `id`	Nom de l'ancre	Définit une ancre interne.	`<a name="signes" id="signes">...</a>`

Tableaux

Vous trouverez dans cette section les balises et les attributs applicables aux tableaux.

Attributs et valeurs d'un tableau				
Balise	**Attribut**	**Valeurs**	**Description**	**Exemple**
`<table>`			Introduit un tableau.	
	`border`	`Pixel`	Définit un cadre, par défaut=0.	`<table border="3">`
	`bgcolor`	Valeur hexadécimale, nom de couleur	Couleur d'arrière-plan.	`<table border="3" bgco-lor="yellow">`
	`align`	`left, right`	Alignement (indispensable pour l'alignement du texte)	`<table align="right">`
	`width`	`Pixel, %`	Largeur absolue ou relative.	`<table width="75%">`
	`cellpadding`	`Pixel`	Espace entre bordure et contenu de cellule.	`<table border="1" cellpad-ding="4">`
	`cellspacing`	`Pixel`	Espace entre les différents champs.	`<table border="1" cellspa-cing="4" >`

Attributs et valeurs d'un tableau				
Balise	**Attribut**	**Valeurs**	**Description**	**Exemple**
`<tr>`			Définit une cellule ordinaire.	`<td>5</td>`
	`width`	`Pixel, %`	Largeur absolue ou relative.	`<tr width="200">`
	`align`	`left, center, right`	Alignement, valeur par défaut `=left`.	`<tr width="200" align="right">`
	`valign`	`top, middle, bottom`	Alignement vertical, valeur par défaut `=middle`.	`<tr width="200" align="right" valign="top">`
	`bgcolor`	Valeur hexadécimale , nom de couleur	Couleur d'arrière-plan.	`<tr bgcolor="#FF0000">`
	`colspan`	Valeur	Nombre de colonnes sur lesquelles s'étire une cellule.	`<tr colspan="3">`
	`rowspan`	Valeur	Nombre de lignes sur lesquelles s'étire une cellule.	`<tr rowspan="2">`
`<th>`	voire `<tr>`		Définit la cellule de l'en-tête du tableau.	`<th>Nombre</th>`

Ensemble de cadres

Ne vous laissez pas impressionner par le nombre de variantes applicables aux ensembles de cadres. Les attributs `bordercolor` ou `frameborder` sont en réalité très peu employés dans la pratique.

Balises et attributs des ensembles de cadres				
Balise	**Attribut**	**Valeurs**	**Description**	**Exemple**
`<frameset>`			Introduit un ensemble de cadres.	

Balises et attributs des ensembles de cadres				
Balise	**Attribut**	**Valeurs**	**Description**	**Exemple**
	cols	Pixel, %, *	Divise la fenêtre en colonnes (columns).	<frameset cols="*,50">
	rows	Pixel, %, *	Divise la fenêtre en lignes (rows).	<frameset rows="10%,*">
	border	Pixel	Indique la largeur de la bordure, en pixels ; les bordures sont masquées avec l'attribut border="0". La balise est ancienne, mais toujours indispensable.	<frameset rows="10%,*" border="0">
	frameborder	0, 1 (yes, no)	Indique si la bordure (avec effet) doit être affichée ou non. Les anciens navigateurs ont besoin des valeurs yes et no.	frameborder="1"
	bodercolor	Code hexadécimal, nom de couleur	Attribue à la bordure une couleur précise.	<frameset="10,*,20" border="10" bordercolor="red">
<frame />			Affiche une page dans l'ensemble de cadres.	
	src	Nom de fichier	Indique la source pour le cadre.	<frame src="navi.htm" />
	scrolling	auto, yes, no	Précise si les barres de défilement doivent être affichées ou masquées.	<frame src="navi.htm" scrolling="no" />

Balises et attributs des ensembles de cadres				
Balise	**Attribut**	**Valeurs**	**Description**	**Exemple**
	`noresize`	`noresize`	Empêche la modification par l'utilisateur de la taille de la bordure.	`<frame src="navi.htm" noresize="noresize" />`
	`marginwidth`	`Pixel`	Largeur de bordure ; intervalle entre bordures droite et gauche de la fenêtre.	`<frame src="navi.htm" marginwidth="0" />`
	`marginheight`	`Pixel`	Largeur de bordure ; intervalle entre bordures inférieure et supérieure de la fenêtre.	`<frame src="navi.htm" marginheight="5" />`
`</frameset>`			Ferme l'ensemble de cadres, balise indispensable.	`</frameset>`
`<noframes>`			Introduit une description de remplacement pour les utilisateurs d'un navigateur ne gérant pas les cadres.	`<noframes>Désolé, mais votre navigateur ne gère pas les cadres</noframes>`
`</noframes>`			Balise de fermeture de `<noframes>`.	

Référence CSS : les attributs essentiels

Les pages suivantes regroupent une liste des attributs et des valeurs des CSS.

Les documents de feuilles de styles sont parfaitement gérés par Opera 4, Netscape 6 et, bien sûr, par Internet Explorer 5.x.

Unités de mesure en CSS

Un grand nombre d'unités de mesures différentes sont autorisées :

- Pixels, extension *.px* ;
- Millimètres, extension *.mm* ;
- Centimètres, extension *.cm* ;
- Pouces, extension *.in* (inch), 1 pouce correspond à 2,54 cm ;
- Point typographique, extension *.pt*, correspond à 1/72 inch ;
- Point pica typographique, extension *.pc*, correspond à 12 pt ;
- Hauteur des majuscules de la police actuelle, extension *.em* ;
- Hauteur des minuscules de la police actuelle, extension *.en*.

Les unités les plus courantes sont toutefois le pixel (par exemple *12 px*), le centimètre (*0.2 cm*) ou le point (*12 pt*). Pensez à remplacer la virgule par le point, pour spécifier des valeurs décimales.

Propriétés de polices

Le tableau suivant regroupe les propriétés de polices en relation avec l'attribut `font`. Elles vous permettent de modifier par exemple le type, la taille de la police, ainsi que les caractéristiques (gras, italique).

Attributs et valeurs de la balise font

Attribut	Valeur	Description	Exemple
`font-family`	Nom de police concret	Type de police.	`font-family: Arial;`
	`serif`	Famille de police, police sérif générale.	`font-family: Times, serif;`
	`sans-serif`	Famille de police, police sans sérif.	`font-family: Arial, sans-serif;`
	`cursive`	Famille de police, police italique générale.	`font-family: cursive;`
	`monospace`	Famille de police, police non proportionnelle.	`font-family: monospace;`

Attributs et valeurs de la balise font			
Attribut	**Valeur**	**Description**	**Exemple**
	`fantasy`	Famille de police, police fantaisie.	`font-family: Western, fantasy;`
`font-size`	`pt, cm, etc.`	Taille de police.	`font-size: 12pt;`
`font-style`		Style de police.	
	`normal`	Sans caractéristique.	
	`italic`	Italique.	`font-style: italic;`
	`oblique`	Oblique.	`font-style: oblique;`
`font-variant`		Variantes de polices.	
	`normal`	Sans propriété.	
	`small-caps`	Petites capitales.	`font-variant: small-caps;`
`font-weight`	100 à 900	Épaisseur.	`font-weight: 500;`
	`normal`	Correspond à la valeur 400.	`font-weight: normal;`
	`bold`	Correspond à la valeur 700.	`font-weight: bold;`

L'attribut `font-family` est le plus important. Il permet non seulement d'appliquer un type de police concret, mais une famille de polices comme alternative. Les "familles de polices génériques" `serif`, `sans-serif`, `monospace`, `cursive` et `fantasy` représentent une catégorie complète. Le navigateur recherche la police correspondante à partir de cette catégorie.

Dans le cas de `monospace`, il peut s'agir d'une police de machine à écrire, comme `Courier` ou `Courier New`.

Mise en valeur de texte

CSS offre de multiples possibilités de mise en valeur de texte. Certaines propriétés sont connues des éditeurs de textes.

Attributs de mise en valeur de texte			
Attribut	**Valeur**	**Description**	**Exemple**
`word-spacing`	`pt, cm`	Intervalle entre les mots.	`word-spacing: 5pt;`
`letter-spacing`	`pt, cm`	Espace entre les lettres (pour police justifiée).	`letter-spacing: 0,2cm;`
`text-decoration`		Mises en valeur.	
	`none`	Désactive toute mise en valeur.	`text-decoration: none;`
	`underline`	Souligné.	`text-decoration: underline;`
	`overline`	Trait au-dessus.	`text-decoration: overline;`
	`line-through`	Barré.	`text-decoration: line-through;`
	`blink`	Texte clignotant.	`text-decoration: blink;`
`text-transform`		Minuscules et majuscules.	
	`none`	Reste inchangée.	
	`uppercase`	Majuscules.	`text-transform: uppercase;`
	`lowercase`	Minuscules.	`text-transform: lowercase;`
	`capitalize`	Première lettre en majuscules.	`text-transform: capitalize;`

`Letter-spacing` est intéressant, dans la mesure où il permet par exemple d'obtenir un effet de texte justifié (t e x t e). Pour obtenir ce résultat, inscrivez par exemple `letter-spacing: 5pt`.

Testez également les effets de l'attribut `text-decoration: none`. Vous pouvez parfaitement employer cette propriété pour les styles de liens (`A:link`, `A:hover`, `A:active`, `A:visited`). Vous souhaitez que le soulignement du lien disparaisse lorsque la souris passe par-dessus ? Inscrivez :

```
A: hover { text-decoration: none; }
```

Alignement de texte

Le tableau suivant vous fournit un "petit" aperçu des options de variantes d'alignements de textes. Vous trouverez des indications pour placer les paragraphes à droite, au centre, ou encore pour les justifier. Vous pouvez décaler la première ligne, ou faire varier la hauteur de ligne. Vous trouverez en outre les solutions pour inscrire des caractères en exposant ou en indice.

Attributs d'alignement de texte

Attribut	Valeur	Description	Exemple
`display`	`block`	Affichage en bloc, paragraphe.	`display: block;`
	`inline`	Affichage dans le texte, caractère.	`display: inline;`
`text-align`		Alignement de paragraphe.	
	`left`	À gauche, par défaut.	`text-align: left;`
	`center`	Centré.	`text-align: center;`
	`right`	À droite.	`text-align: right;`
	`justify`	Justifié	`text-align: justify;`
`text-indent`	`pt`, `cm`, etc.	Retrait de première ligne.	`text-indent: 1cm;`
`line-height`	`pt`, `cm`, etc.	Hauteur de ligne.	`line-height: 14pt;`
	`Valeur relative`	Interligne relatif par rapport à la taille de police.	`line-height: 1.2;`
`vertical-align`		Alignement vertical relatif par rapport à la ligne de base de la police.	
	`baseline`	Par rapport à la ligne de base, normal.	`vertical-align: baseline;`
	`super`	Exposant.	`vertical-align: super;`

Attributs d'alignement de texte			
Attribut	**Valeur**	**Description**	**Exemple**
	top	Limite supérieure de la ligne.	vertical-align: top;
	text-top	Limite supérieure du texte.	vertical-align: text-top;
	middle	Centré.	vertical-align: middle;
	text-bottom	Limite inférieure du texte.	vertical-align: text-bottom;
	bottom	Limite inférieure de la ligne.	vertical-align: bottom;
	sub	En indice.	vertical-align: sub;

Mise en forme de listes

Les feuilles de styles en cascade vous facilitent la mise en forme de listes. Voici une vue d'ensemble de quelques attributs. Certains ne s'appliquent qu'à <ol> (ordered list), d'autres à <ul> (unordered list).

Attributs de mise en forme de listes			
Attribut	**Valeur**	**Description**	**Exemple**
list-style-type		Forme de la liste.	
(pour ol)	decimal	Par défaut, (1, 2, 3...).	
	lower-alpha	Minuscules (a, b, c...).	ol { list-style-type: lower-alpha; }
	upper-alpha	Majuscules (A, B, C...).	ol { list-style-type: upper-alpha; }
	lower-roman	Chiffres romains (i, ii, iii...).	ol { list-style-type: lower-roman; }
	upper-roman	Grands chiffres romains (I, II, III...).	ol { list-style-type: upper-roman; }

Attributs de mise en forme de listes			
Attribut	**Valeur**	**Description**	**Exemple**
(pour ul)	`disc`	Par défaut (disque).	
	`circle`	Cercle.	`ul { list-style-type: circle; }`
	`square`	Carré.	`ul { list-style-type: square; }`
`list-style-image`	`url`(nom de fichier)	Intégrer une image sous forme de puce.	`ul { list-style-image: url(bild.gif); }`
`list-style-position`	`outside`	Par défaut, texte décalé.	
	`inside`	Texte collé à la bordure gauche, la puce est “intégrée".	`ol { list-style-position: inside; }`

La possibilité d'intégrer une image personnelle comme puce de liste est particulièrement intéressante.

```
ul { list-style-image: url(image.gif); }
```

Couleurs et arrière-plan

Comment modifier la couleur de police ? Peut-on ajouter une image ou une couleur d'arrière-plan ? Est-ce possible de fixer une image d'arrière-plan à un emplacement précis ?

Attributs de couleurs et d'arrière-plan			
Attribut	**Valeur**	**Description**	**Exemple**
`color`	Valeur hexadécimale ou nom de couleur	Couleur d'un contenu d'élément, texte en règle générale.	`body { color: blue; }`
`background`	Valeur hexadécimale ou nom de couleur	Couleur d'arrière-plan, par exemple pour un effet d'ombre.	`h1, h2 { background: silver; }`

Attributs de couleurs et d'arrière-plan			
Attribut	**Valeur**	**Description**	**Exemple**
`background-image`	`url(nom d'image)` ou `uri(nom d'image)`	Intègre une image d'arrière-plan ; `uri(nom d'image)` serait la syntaxe correcte, mais ne fonctionne qu'à partir de Netscape 6.	`body { background-image: url(bild.gif); }`
`background-repeat`		Précise l'alignement de l'image.	
	`repeat`	Par défaut, mosaïque.	`background-repeat: repeat;`
	`repeat-x`	Répétition horizontale, sur l'axe x.	`background-repeat: repeat-x;`
	`repeat-y`	Répétition verticale, sur l'axe y	`background-repeat: repeat-y;`
	`no-repeat`	Aucune répétition.	`background-repeat: no-repeat;`
`background-attach-ment`		Indique si l'image d'arrière-plan doit ou non rester fixe, lors du déplacement des barres de défilement.	
	`scroll`	Par défaut, le navigateur déplace l'image d'arrière-plan.	`background-attachment: scroll;`
	`fixed`	L'image d'arrière-plan reste fixe.	`background-attachment: fixed;`
`background-posi-tion`	`px`, `cm`, etc.	Position de l'image d'arrière-plan, à gauche et en haut.	`background-position: 100px 10px`

L'exercice le plus simple applique l'attribut `color`. Attribuez ainsi facilement une couleur au texte. Vous pouvez par exemple utiliser l'un des 16 noms de couleurs courants.

Marges intérieure et extérieure

Vous disposez en CSS de la possibilité de configurer les marges extérieure (`margin`) et intérieure (`padding`). Vous pouvez par exemple décaler des blocs de textes, ou la page entière (`body`).

Attributs des marges intérieure et extérieure			
Attribut	**Valeur**	**Description**	**Exemple**
`margin`	pt, px, cm, etc.	Marge extérieure.	`body { margin: 1cm; }`
`margin-top`		Marge supérieure.	`p { margin-top: 10px; }`
`margin-bottom`		Marge inférieure.	`h3 { margin-bottom: 3pt; }`
`margin-left`		Marge gauche.	`img { margin-left: 50px; }`
`margin-right`		Marge droite.	`p.citation { margin-right: 10pt; }`
`padding`	pt, px, cm, etc.	Marge intérieure.	`p { padding: 2cm; }`
`padding-top`		Marge intérieure supérieure.	`body { padding-top: 15px; }`
`padding-bottom`		Marge intérieure inférieure.	`h3 { padding-bottom: 1.3cm; }`
`padding-left`		Marge intérieure gauche.	`p.nouveau { padding-left: 5px; }`
`padding-right`		Marge intérieure droite.	`img { padding-right: 5cm; }`

Cadres

Attributs de cadres			
Attribut	**Valeur**	**Description**	**Exemple**
`border`	px, cm, etc.	Largeur de bordure.	`p { border: 5px; }`
`border-top`		Largeur de bordure supérieure.	`h1 { border-top: 0.2cm; }`

Attributs de cadres			
Attribut	**Valeur**	**Description**	**Exemple**
`border-bottom`		Largeur de bordure inférieure.	`h2 { border-bottom: 4px; }`
`border-left`		Largeur de bordure gauche.	`p.citation { border-left: 5px; }`
`border-right`		Largeur de bordure droite.	`pre { border-right: 12px; }`
`border-style`		Style de bordure.	
	`solid`	Continue.	`p { border-style: solid; }`
	`double`	Double.	`h1 { border-style: double; }`
	`groove`	Effet 3D.	`p { border-style: groove; }`
	`ridge`	Effet 3D avec bordure élevée.	`p.nouveau { border-style: ridge; }`
	`inset`	Effet 3D avec contenu enfoncé.	`div { border-style: inset; }`
	`outset`	Effet 3D avec contenu relevé (Bouton).	`span { border-style: outset; }`
	`dotted`	Bordure en pointillés.	`h2, h3 { border-style: dotted; }`
	`dashed`	Petits traits.	`pre { border-style: dashed; }`
`border-style-top`	Voir ci-dessus	Style de bordure au-dessus.	`border-style-top: ridge;`
`border-style-bottom`	Voir ci-dessus	Style de bordure en dessous.	
`border-style-left`	Voir ci-dessus	Style de bordure à gauche.	
`border-style-right`	Voir ci-dessus	Style de bordure à droite.	

Attributs de cadres			
Attribut	**Valeur**	**Description**	**Exemple**
`border-width`	px, cm, etc.	Intervalle entre lignes de bordure (presque identique à la largeur de bordure) ; possibles également : `border-width-top`, `border-width-bottom`, etc.	`<div style="border style: outset; border-width: 10px;">`
`border-color`	Valeur hexadécimale, nom	Couleur de bordure ; possible également : `border-color-top`, etc.	`p { border: 7px; border-color: rgb(255, 0, 0); }`

Positionnement absolu d'éléments

Pour un positionnement absolu, vous pouvez utiliser les balises de containers `<div>` ou `<span>`. Les attributs et les valeurs suivants sont possibles :

Attributs de positionnement absolu d'éléments			
Attribut	**Valeur**	**Description**	**Exemple**
`position`		Positionnement sur la page.	
	`static`	Par défaut, positionnement normal dans le “contexte“.	
	`absolute`	Positionnement absolu par rapport à l'angle supérieur gauche ; la position est conservée lors du défilement de la page.	`position: absolute; top: 10px; left 20px;`

Attributs de positionnement absolu d'éléments			
Attribut	**Valeur**	**Description**	**Exemple**
	`relative`	Permet un positionnement relatif par rapport à l'élément précédent.	`position: relative; top: 20px;`
`top`	px, pt...	Intervalle par rapport à la bordure supérieure.	
`left`	px, pt...	Intervalle par rapport à la bordure gauche.	
`width`	px, pt...	Largeur de l'élément.	`width: 150px;`
`height`	px, pt...	Hauteur de l'élément.	`height: 80px;`
`visibility`		Visibilité.	
	`visible`	Par défaut, l'élément est visible.	
	`hidden`	L'élément est caché.	`visibility: hidden;`
`z-index`	1, 2, 3, etc.	Détermine l'ordre des éléments.	`z-index: 2;`

Pseudo-classes pour liens hypertextes

Vous trouverez ci-dessous quatre pseudo-classes relatives aux liens hypertextes :

- `A:link`, lien hypertexte normal ;
- `A:hover`, lien hypertexte lors du passage du pointeur ;
- `A:active`, lien activé ;
- `A:visited`, lien visité.

Pour mettre par exemple le lien en valeur lors du passage du pointeur, inscrivez dans la feuille de style :

```
A:hover { text-decoration: none; color: red; }
```

Trousse de dépannage

Il n'est jamais exclu de rencontrer des difficultés, lors de la construction de ses pages Internet. Lisez les conseils suivants pour faire face aux éventuels problèmes.

Les images ne s'affichent pas

Vous ne voyez pas vos images sur la page ? Elles sont remplacées par un cadre vide, alors qu'elles ont pourtant été correctement chargées sur le serveur ?

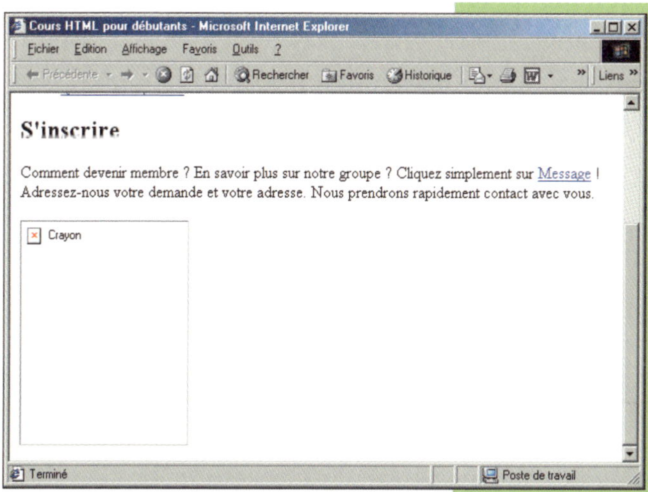

1 Vérifiez les liens correspondant aux images. Il doit s'agir de liens relatifs. Il est par ailleurs préférable que les images soient enregistrées dans le même dossier que le fichier HTML.

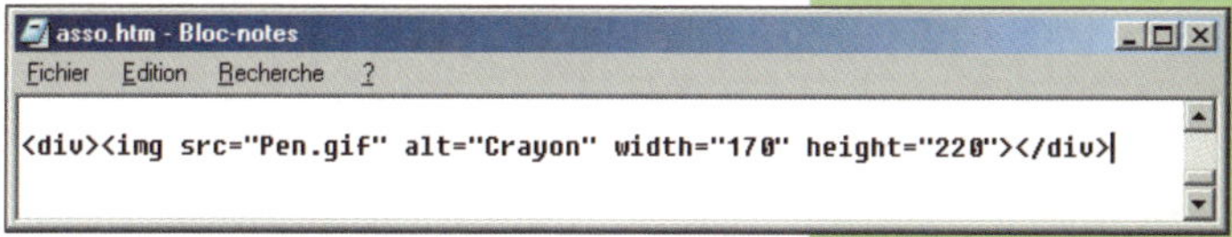

2 Vérifiez en outre si le nom de l'image correspond exactement à celui spécifié dans le lien lui-même. Vous avez peut-être inscrit `Pen.gif` ?

3 Le fichier s'appelle en réalité `pen.gif` ? Les serveurs UNIX font la distinction entre les majuscules et les minuscules, mais pas les serveurs Windows. Tout semble correct sur votre ordinateur local, mais l'internaute ne pourra pas voir l'image.

4 Renoncez en outre aux espaces et aux accents, dans les noms d'images !

5 Vérifiez également que vous avez bien employé les formats GIF ou JPEG. S'il s'agit d'images *.png*, l'internaute se verra dans l'obligation de télécharger un plug-in pour visualiser l'image. Parfois, l'image est dotée de l'extension *.gif*, alors qu'il s'agit en réalité d'un fichier *.bmp*.

La mise en page est différente dans Netscape et Internet Explorer

Vous contrôlez vos pages, et vous constatez que leur mise en forme ne correspond pas à votre attente ?

1 N'oubliez pas que le HTML ne permet normalement pas un alignement au pixel près.

2 À l'origine, ce langage était exclusivement prévu pour l'affichage de la structure logique de documents !

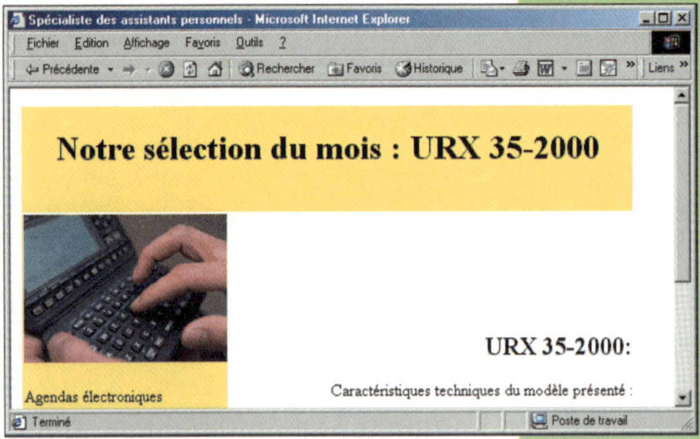

3 La solution consiste à recourir à des tableaux. Vous pouvez déterminer précisément la largeur et la hauteur des cellules, par l'intermédiaire de `width` et `height`.

4 Pour de plus amples détails sur le sujet, reportez-vous au chapitre concernant les tableaux.

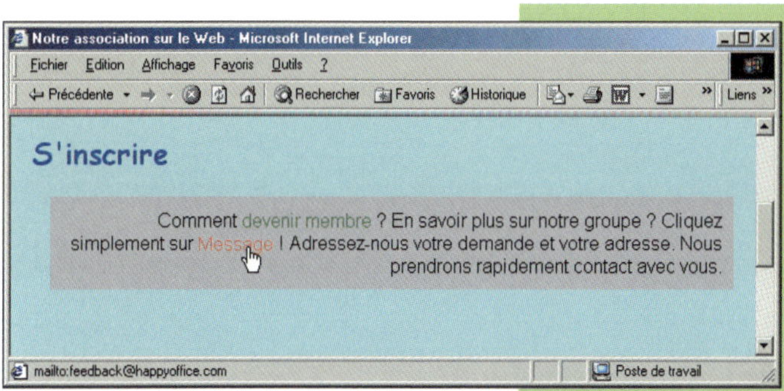

5 Notez que les feuilles de styles ne sont interprétées que par les nouveaux navigateurs.

6 Netscape-Navigator 4.x n'est pas en mesure de prendre toutes les propriétés en compte.

Il faut donc savoir que tous les navigateurs n'afficheront pas parfaitement votre site.

Le texte défilant ne fonctionne pas

Vous avez intégré un texte défilant sur vos pages, mais le message demeure figé ? Pensez à un problème de navigateur.

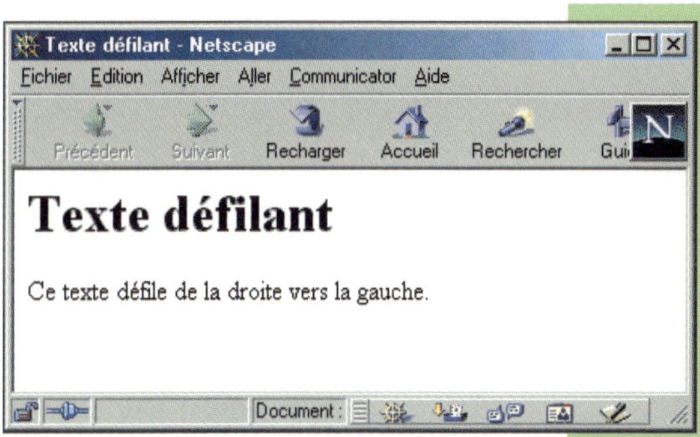

1 Malheureusement, cette balise n'est gérée que par Internet Explorer, et à partir de la version 2 uniquement.

2 Netscape Navigator (même la dernière version) n'est pas capable d'exécuter cette instruction. Il faut néanmoins savoir que `<marquee></marquee>` fait partie du standard HTML officiel !

3 La seule solution est de s'en accomoder.

L'édition manuelle est trop compliquée

La rédaction "à la main" du texte source vous paraît trop fastidieuse ? Vous préférez définir vos pages grâce à un programme spécifique ? Il est vrai que tout traitement de texte est capable de nos jours d'enregistrer des documents sous forme de fichiers HTML.

Internet Explorer ou Netscape Navigator proposent en outre des programmes simples de mise en forme, pour la création de pages web.

Si vous souhaitez vraiment vous simplifier le travail, nous vous conseillons de renoncer à ces logiciels. Le code source élaboré par vos propres soins subirait d'importantes modifications, lors de leur édition dans l'un de ses programmes.

Utilisez de préférence un outil permettant de travailler aussi confortablement sur le texte source que sur la page elle-même.

1 Envisagez, dans un premier temps, les éditeurs de mise en forme. Comme dans un éditeur de texte, vous travaillez directement sur la page. Certains programmes, plus chers, autorisent des modifications aussi bien sur le texte source qu'en mode d'affichage de la page finale. Vous pouvez en outre facilement basculer d'un mode d'affichage à l'autre. Les pages dont vous avez manuellement rédigé le texte source peuvent être modifiées directement en mode d'affichage WYSIWYG, et inversement.

2 Cette solution est idéale pour les professionnels du HTML qui souhaitent s'épargner le travail de routine, et qui disposent néanmoins de connaissances sur le texte source. Nous vous recommandons Dreamweaver et GoLive, ainsi que FrontPage 2000, avec plus de réserves ! Les utilitaires gratuits comme Netscape Composer et FrontPage Express sont un peu moins performants.

3 Le tableau suivant regroupe certaines particularités des trois programmes que nous venons de mentionner.

Editeurs de mise en forme HTML		
Programme	**Adresse web**	**Remarques**
FrontPage	Inclus dans la version Office 2000 Premium, voir www.microsoft.com, coûte environ 1200,00 FF en version séparée.	Programme professionnel regroupant un grand nombre de fonctions, des effets rollover et DHTML, un éditeur d'images interactives, des contrôles d'orthographe efficaces. N'ajoute malheureusement que les balises pouvant être interprétées par le navigateur de Microsoft. Recommandé uniquement à partir de FrontPage 2000. Notez que de nombreux effets ne sont possibles que si votre prestataire a installé la gestion FrontPage. Possibilité de travailler aussi bien sur le texte source que sur la mise en page directe.
Macromedia Dreamweaver	Informations sur www.macromedia.com, disponible actuellement dans la version 3 ; coûte environ 2000,00 FF.	Le meilleur programme HTML pour PC actuellement sur le marché ; effets rollover et DHTML, éditeur d'images interactives. N'apporte pas de modification à votre texte source ; livré avec Homesite. Possibilité de travailler aussi bien sur le texte source que sur la mise en page directe.
Adobe GoLive	voir www.golive.com, coûte environ 2300,00 FF	Disponible pour Macintosh et pour PC ; très cher ; possibilité de travailler aussi bien sur le texte source que sur la mise en page directe. Disponible actuellement en version 5.

4 Les éditeurs de textes sources sont également appréciés des designers web professionnels. Il s'agit de programmes autorisant l'édition directe du code HTML. Des connaissances HTML sont donc indispensables. Les programmes vous aident toutefois à intégrer balises, images et cadres.

5 Les balises et les attributs sont dotés de couleurs distinctes. Un aperçu dans le navigateur vous permet à tout moment de contrôler votre projet. Il n'est pas inutile d'essayer de travailler avec ce type de programmes. Toutefois, la plupart de ces utilitaires sont en anglais.

Éditeurs de texte		
Programme	**Adresse web**	**Propriétés**
Homesite	www.allaire.com, environ 670,00 FF.	Ce programme très performant est très apprécié des designers web professionnels. La version 4.5 est actuellement disponible, la version 1.2 est proposée en freeware.
1st Page 2000	www.evrsoft.com/download, gratuit	Programme très complexe et très performant, comprenant un très grand nombre d'exemples JavaScript, DHTML et CGI ; recommandé par le W3C ; inclut HTML-Tidy du W3C.
HTML-Kit	www.chami.com/html-kit, gratuit	Petit éditeur HTML en freeware, recommandé par le W3C ; inclut HTML-Tidy du W3C
Hot Metal	www.softquad.com, payant	Affiche les balises sous forme de symboles, un classique parmi les éditeurs HTML ; gère également XHTML et XML.
HTML-Editor d'Uli Meybohm	www.meybohm.de, gratuit	Modèle de Homesite, élaboré par un étudiant en informatique allemand.
Arachnophilia	www.arachnoid.com, gratuit	Un programme freeware sympathique, pouvant convertir du RTF en HTML.

Astuces et conseils pour un design Web réussi

Pour assurer la réussite de votre arrivée sur le Web, lisez ces quelques astuces et conseils. Il faut toujours penser que tous les internautes ne disposent pas du même navigateur, ni du même système d'exploitation que vous.

Il est essentiel de construire vos pages de sorte qu'elles fonctionnent dans tous les modèles de navigateurs, et que la mise en page soit respectée.

1 À qui s'adresse votre site ? Définissez précisément le public ciblé. Quelles informations souhaitez-vous diffuser ? Présentez le contenu et les informations sans les noyer dans une multitude d'effets compliqués.

2 Comment préparer les informations ? Réfléchissez à la mise en page et à la présentation, avant de concevoir le texte source. Ne négligez pas la résolution écran, le standard étant 800 x 600. Pensez également aux écrans plus petits, avec une résolution de 640 x 480 pixels !

3 Pensez au temps de chargement de vos pages. Optimisez les images. Renoncez le plus possible aux formats exotiques, nécessitant le chargement de plug-ins. Les pages travaillant exclusivement avec ces formats risquent d'énerver les utilisateurs non équipés des utilitaires adéquats. Proposez des alternatives.

4 N'abusez pas d'images d'arrière-plan et d'effets sonores.

5 Comment fonctionne la navigation ? Demandez à vos amis et connaissances de tester votre site, et n'hésitez pas à tenir compte de leur avis.

6 Votre site est-il toujours actuel ? Pensez à le mettre régulièrement à jour.

7 Le site fonctionne-t-il avec les anciens navigateurs ou les anciens modèles ? Testez votre site sur plusieurs types de navigateurs.

8 Renoncez à des indications de type “En construction“ ou “Under Construction". Si vos pages ne sont pas prêtes, inutiles de les publier. Prenez le temps de les améliorer, avant de les télécharger sur le serveur d'accueil.

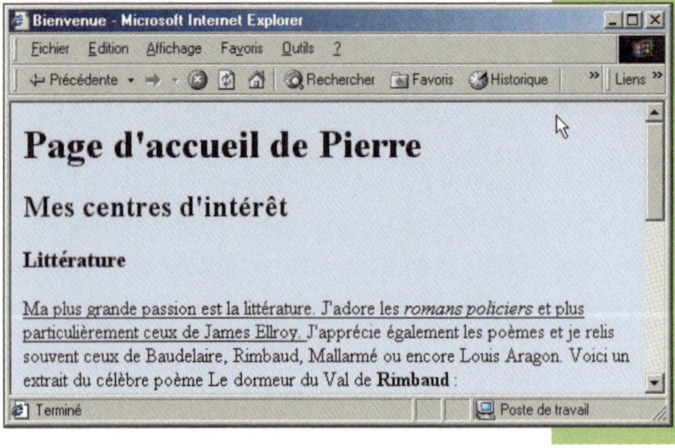

9 Renoncez également aux soulignements, car ils sont réservés aux liens hypertextes. Rien de plus agaçant que d'essayer de cliquer sur un passage de texte souligné, et de s'apercevoir que cela ne sert à rien.

INFO

Faites confiance à un professionnel

Vous êtes une petite ou une grosse société, et vous envisagez sérieusement de créer un site pour présenter vos activités ? Vos connaissances en mise en page sont néanmoins limitées. Il est peut-être plus judicieux de faire appel à des agences ou à des designers, pour vous assurer une présence réussie sur le Web. La meilleure solution consiste à faire appel à un graphiste par exemple, et à transposer vous-même ses conseils sur le texte source HTML. C'est un bon compromis. Pour des pages privées, inutile de passer par là. Une galerie de photos privée trouve toujours sa place sur le Web.

I

J

L

M

N

O

P

R

S

T

U

V

W

X

Z

IMPRESSION, BROCHAGE
IMPRIMERIE CHIRAT
42540 ST-JUST-LA-PENDUE
JANVIER 2000
DÉPÔT LÉGAL 2000 N° 1915

IMPRIMÉ EN FRANCE